Schrebergärten
zum Wohlfühlen

© Naumann & Göbel Verlagsgesellschaft mbH, Köln
Autor: Peter Himmelhuber
Satz und Gestaltung: Das Redaktionsbüro – Annette Mader, Köln
Gesamtherstellung: Naumann & Göbel Verlagsgesellschaft mbH, Köln
Alle Rechte vorbehalten

ISBN 978-3-625-12971-4

www.naumann-goebel.de

Schrebergärten zum Wohlfühlen

Kleine Gartenparadiese anlegen, pflegen und genießen

Inhalt

6 Grüne Inseln
8 Namensgeber Dr. Schreber
10 Mustergültige Anlagen
14 Ökologischer Nutzen
16 Nutzungsmöglichkeiten
18 Gemüse- und Obstanbau
21 Zierpflanzen
24 Tierhaltung
25 Erholung

26 Auswahl, Bewerbung, Pacht
28 Wie kommt man zu einem Schrebergarten?

32 Gestaltungselemente und Einrichtung
34 Das Gartenhaus
40 Terrassen und Wege
48 Hecken, Mauern, Zäune
60 Spielmöglichkeiten für Kinder
66 Die Kräuterschnecke – dekorativ und nützlich
72 Das Hochbeet
76 Beeteinfassungen
78 Folientunnel, Gewächshaus, Frühbeet
90 Teiche, Brunnen, Schöpfbecken

92 Ein Jahr im Schrebergarten
94 Das Gartenjahr im Überblick
100 Januar
103 Februar
108 März
114 April
118 Mai
122 Juni
128 Juli
132 August
136 September
140 Oktober
144 November
148 Dezember

150 Schrebergarten in der Praxis
152 Obst – Auswahl, Pflanzung, Pflege
174 Gemüse – Anzucht, Kultur, Ernte, Verwertung
202 Kräuter im Kleingarten
204 Zierpflanzen – Gehölze, Stauden, Sommerblumen
216 Rasen und Wiese

224 Umwelt und Technik
226 Naturschutz im Schrebergarten
234 Gartenpflege mit Augenmaß
240 Gartengeräte – die Grundausstattung
250 Sonnenenergie im Garten

254 Register

Grüne Inseln

Namensgeber Dr. Schreber

Mustergültige Anlagen

Ökologischer Nutzen

Nutzungsmöglichkeiten

Gemüse- und Obstanbau

Zierpflanzen

Tierhaltung

Erholung

Namensgeber Dr. Schreber

Wer seine Freizeit vorzugsweise an der frischen Luft verbringt und gern gärtnert, findet auf dem eigenen Grund und Boden ein ideales Betätigungsfeld. Den meisten Bewohnern insbesondere von städtischen Mietshäusern steht jedoch kein eigener Garten zur Verfügung.

Trotzdem haben vor allem auch Familien die Möglichkeit, in sogenannten Schrebergartensiedlungen an ein kleines Grundstück zu kommen.

Der Name dieser Kleingartenanlagen geht auf den Arzt Daniel Gottlob Moritz Schreber zurück, der zwar nicht der Erfinder dieser Art Gärten ist, jedoch ehrenhalber als Namensgeber gewählt wurde. Die Gründung der ersten gemeinnützigen Freiräume ist vielmehr auf den Schuldirektor Ernst Innozenz Hauschild zurückzuführen. Unter Mitwirkung der

Diese junge Siedlung braucht noch einige Jahre, bis sie üppig grünt.

Eltern von Schulkindern entstanden in Leipzig zunächst einfache Spielplätze in freier Natur, wo die Kinder unter Anleitung turnen und spielen konnten. Daraus entwickelten sich mit der Zeit die heute noch typischen Gemeinschaftsanlagen mit Häuschen, Obstbäumen, Gemüsebeeten und Blumenrabatten, die unter Obhut eines Vereins bewirtschaftet und genutzt werden.

Natürlich war dies nicht die einzige Keimzelle für gemeinschaftliche Gartensiedlungen. Kleingärten wurden seit Beginn des 19. Jahrhunderts auch andernorts gegründet, zum Beispiel auf Initiative wohlgesinnter Landesherren oder Industrieller, die ihren Mitarbeitern Freiräume zur Erholung und für den Nutzpflanzenanbau bieten wollten.

Als eine Art Vorläufer kann man das soziale Engagement des Unternehmers Jakob Fugger bezeichnen, der die Fuggerei, eine Wohnsiedlung mit Gärten, für arme Augsburger Bürger stiftete.

Selbstverständlich sind Kleingärten nicht auf die Bundesrepublik Deutschland beschränkt. Die Idee der Gründung von „Arbeitergärten", heute als „Familiengärten" bezeichnet, hat auch in Frankreich zur Verbreitung vergleichbarer Vereinigungen geführt. In Österreich beispielsweise sind die Pächter unter dem „Zentralverband der Kleingärtner und Siedler Österreichs" zusammengeschlossen. Entsprechende Zusammenschlüsse gibt es in vielen europäischen Ländern, darüber hinaus auch in Japan, den USA und Kanada.

Schrebergärten international

allotment gardens	Großbritannien
Familiengärten, Jardins familiaux	Schweiz
Hortas comunitárias	Portugal
Huertas comunitarias	Spanien
Jardins familiaux, ~ communautaire	Frankreich
Kleingarten, Schrebergarten, Kolonie	Deutschland
Kolonihage, Parsellhage	Norwegen
Kolonihave	Dänemark
Odlingslott, Kolonilott, Koloniträdgård	Schweden
Ogródki działkowe, auch: *działki*	Polen
Orti Sociali	Italien
Siirtolapuutarha	Finnland
Volkstuin	Niederlande
Zahrádká ské kolonie, ~ osady, Zahrádkové osady	Tschechien
Záhradkové osady, ~ kolónie, Záhradkárske kolónie, ~ osady	Slovakei

Blühende Großstadt – Schrebergarten mitten in Paris

Mustergültige Anlagen

Wer gezielt nach Schrebergärten sucht, wird in nahezu jeder Stadt fündig. Meistens liegen die Siedlungen am Stadtrand, manchmal blühen und fruchten sie auch mittendrin – insbesondere alte Anlagen, die im Zuge der Stadtentwicklung „eingewachsen" sind.

Mustergültige Anlagen | 11

Diese Anlage wurde im Zuge der Landesgartenschau in Neumarkt in der Oberpfalz geschaffen.

Auskünfte über schöne Gartensiedlungen sind zumeist über die zuständigen Ämter der Stadtverwaltungen erhältlich. Auf Stadtplänen oder Übersichten im Internet sind sie durch die kleinteiligen Parzellen ebenfalls leicht zu erkennen.

Oft werden neue Kleingärten im Zuge einer Landes- oder Bundesgartenschau erschlossen. Diese Neuanlagen sind außerordentlich sehenswert, da sie für das öffentliche Publikum besonders schön gestaltet werden.

Hier gedeihen Gemüse, Blütenstauden und Sommerblumen in getrennten Beeten.

Allerdings haben auch alte Anlagen ihren Charme. Entscheidend ist die Jahreszeit. Vom Frühjahr bis zum Herbst bieten die Siedlungen zahllose reizvolle Ansichten: beginnend mit der Blüte der Zwiebelpflanzen im zeitigen Frühjahr und der Obstbäume im Mai über den Rosenflor im Juni und die Pracht der Sommerblumen während der Hauptsaison bis hin zur Fruchtfülle und Herbstfärbung zur Erntezeit. Dazu bieten die meisten Gärten in dieser Zeit eine breite Palette der verschiedensten Gemüsearrangements. Die Parzellen selbst sind in der Regel nicht zugänglich, der Durchgang auf den Hauptwegen aber ist in vielen Anlagen erlaubt. Mancherorts gibt es in den Siedlungen auch eine öffentlich zugängliche Gastwirtschaft mit Biergarten. Hier kann man erste Eindrücke sammeln und sich am Aushang über die jeweils geltenden Regeln informieren.

Gärtnern auf eigener Scholle – erst schauen, dann anbauen
Zum Abschätzen der Lage in einer Anlage kann ein Rundgang hilfreich sein, besonders vor dem Abschluss eines Pachtvertrages. Beim Blick über den Zaun ist rasch zu sehen, ob die Vorgaben mit den persönlichen Vorstellungen übereinstimmen. Ein ökologisch gesinnter Naturfreund wird sich kaum in einer Siedlung einquartieren, in der gepflegte Rasenflächen dominieren. Er findet seine Heimat sicher besser in

einer anderen Anlage, in der naturnahes Gärtnern zur Grundidee gehört.

Mittlerweile gibt es durchaus unterschiedliche Schrebergartensiedlungen. Gelegentlich werden sogar Mustergärten oder Schauanlagen angelegt und für Besucher geöffnet, zum Beispiel im Zuge einer Landesgartenschau. Im Übrigen ist der Kleingarten kein Erwerbsbetrieb, sondern eher ein Experimentierfeld, wo auch Versuche mit ungewöhnlichen Anbaumethoden, neuen Pflanzenzüchtungen und dergleichen möglich sind.

Eine Mustersiedlung in Regensburg

Eine mustergültige, unter Leitung der TU Weihenstephan entstandene Schrebergartenkolonie befindet sich beispielsweise in Regensburg in der Wolfersteiner Straße. Die Anlage ist auf öffentlichen Wegen begehbar und verfügt über spezielle Demonstrationsgärten, die einzelnen Parzellen sind privat und nicht allgemein zugänglich.

Das Grundkonzept für die Siedlung sieht naturnahes Gärtnern vor, dementsprechend vielfältig und üppig sieht die Anlage aus. Die Parzellen sind von wellig getrimmten Wildstrauchhecken umringt. Die dazu gehörenden Holzhäuser haben Dachbegrünung und teilweise angebaute Wintergärten, die als Sonnenfallen konzipiert wurden. Weiterhin prägen Steingärten, Natursteinhaufen, Wildwiesen und Teiche die Kleingartenlandschaft.

Aufgelockert werden die Parzellen durch eine Obstwiese. Die blühenden Bäume sollen auch den Bienen der dazugehörigen Imkerei Nektar spenden. Diese wiederum sind nicht nur wichtig für die Befruchtung der Obstbäume in der Anlage selbst, sondern auch für die in den anliegenden Wohngärten.

Neben einem Gemeinschaftshaus und etwa 25 Parzellen für private Pächter gibt es auch einen Seniorengarten und einen Garten, der von der Jugendorganisation Bund Naturschutz (JBN) betreut wird. Die mittlerweile etwa zwanzig Jahre alte Siedlung ist gut eingewachsen. Natürlich hat sich eine Eigendynamik entwickelt, die ein wenig vom ursprünglichen Konzept abweicht. Im Wesentlichen wurden die Richtlinien aber eingehalten. Für die benachbarte Wohnsiedlung wirkt die Kleingartenanlage zusätzlich als eine Art Lärmpuffer zur angrenzenden Autobahn.

Seniorengarten für ältere Pflanzenfreunde
In der „Kleingartenanlage Wolfersteinerstraße" in Regensburg wurde eine gute Idee in die Praxis umgesetzt. Hier stehen in einem eigenen sogenannten Seniorengarten kleine Parzellen für eine geringe Jahrespacht zur Verfügung. Interessenten können in der Gemeinschaftsanlage eine Gartenecke oder auch ein Hügelbeet für den Anbau eigener Gemüse, Kräuter und Blumen für eine bestimmte Zeit erwerben. Dazu gehört ebenfalls eine Pflanzfläche in einem vorhandenen Gewächshaus.

Zur Siedlung gehört meistens ein Gemeinschaftshaus, in dem auch eine Gastwirtschaft untergebracht ist.

Mustergültige Anlagen | 13

In Neuanlagen sind oft noch freie Parzellen zu finden.

Ein Seniorengarten kann in jeder Siedlung gegründet werden, wenn sich Interessenten zusammenfinden.

Wer Freude am Gärtnern hat, kann den Pachtvertrag beliebig verlängern. Gestaltet sich die Aufgabe als zu mühselig oder zu verbindlich, kann der Pachtvertrag wieder aufgelöst werden.

Anders als beim Kauf oder Besitz eines eigenen Grundstücks hat der befristete Erwerb keine nachhaltigen Folgen, etwa durch die Suche nach einem Käufer, da die Parzelle nach der Aufgabe einem Nachfolger übergeben wird.

Für gepachtete Parzellen gibt es in der Regel verbindliche Gartenordnungen, dennoch kann im Seniorengarten die Anbaufläche nach den besonderen Bedürfnissen der älteren Gartenfreunde umgestaltet werden. So ist der Bau von Tischbeeten und Plattenwegen für Rollstuhlfahrer oder die Installation von Bewässerungssystemen zur Pflegeerleichterung machbar, aber auch die Einrichtung von Trimmgeräten für die täglichen Sportübungen.

Bund-Naturschutz-Garten
In derselben Siedlung hat der Bund Naturschutz einen Garten gepachtet, der für die Jugendarbeit genutzt wird. Hier lernen Kinder und Jugendliche unter Anleitung von Fachleuten das Gärtnern.

Der Garten hat neben einem Gartenhaus mit Gewächshaus Hochbeete, einen Teich, eine Trockenmauer, eine Obstwiese und vieles mehr zu bieten. Interessierte können ihn jede Woche am Tag der offenen Tür besichtigen.

Ökologischer Nutzen

Die typischen Kleingärten mit Häuschen, Gemüsebeeten und Obstbäumen gehören zum Bild jeder größeren Stadt. Oft prägen diese Anlagen ganze Siedlungen oder sie liegen streckenweise an Bahnlinien. Auch wenn sie für die Öffentlichkeit nicht oder nur in einigen Bereichen zugänglich sind, haben die grünen Inseln ihren Wert, denn sie verbessern unter anderem das Kleinklima.

Beim Blick auf einen Stadtplan oder mittels Luftbild wird deutlich, wie die Siedlungen wirksam sind. Häufig liegen sie zwischen Autobahnen, Eisenbahnlinien oder Industriegebieten und Wohngegenden. Hier bilden sie mit ihren unzähligen Bäumen und Sträuchern einen Puffer, der Staub filtert und Lärm lindert und laden die anliegenden Bewohner zu Spaziergängen ein. Weiterhin bieten die kleinteiligen und vielfältigen Gärten Singvögeln und anderen Tieren wertvolle Lebensräume.

Günstige Bestäubungsverhältnisse fördern die Obsterträge

Die Fruchterträge sind zwar vom Schnitt und anderen Pflegearbeiten abhängig, stärker wirken sich jedoch günstige Bestäubungsverhältnisse auf die Menge an Früchten aus. So tragen neben anderen Insekten vor allem die Bienen zur Befruchtung bei.

Insbesondere sind selbstunfruchtbare Obstgehölze wie Apfel, Birne und Süßkirsche vom Blütenstaub anderer passender Befruchtersorten abhängig. Einzelne Bäume dieses Typs fruchten nicht (oder nur selten). Es lohnt sich deshalb, stets mehrere verschiedene Sorten einer Obstart in den Garten zu pflanzen. Natürlich können auch Bäume in Nachbargärten als Pollenspender dienen, da sich Mischpflanzungen gegenseitig günstig auswirken.

Vogelnistkästen werden von den gefiederten Gästen gern angenommen. Die Stare kommen jedes Jahr wieder und erfreuen mit ihrem Gesang.

Damit die Bienen nur kurze Strecken zurücklegen müssen, sind geringe Abstände zwischen den Obstgehölzen von Vorteil. In Schrebergärten sind die Bestäubungsbedingungen deshalb optimal. Die Obstgehölze bestäuben sich gegenseitig und verbessern zudem die Erträge in den Gärten der Umgebung.

Auch bei selbstfruchtbaren Arten, wie Quitte, Johannisbeere, Aprikose, Pfirsich oder Weinrebe, die als Einzelexemplare fruchten, wirkt sich ein dichter Bestand verschiedener Sorten von einer Art vorteilhaft auf die Erträge aus. In vielen Kleingartensiedlungen gibt es Imkereien oder Bienenstöcke. Das fördert die Bestäubung in den Parzellen und in den Gärten der Umgebung zusätzlich.

Bei Windblütlern wie Hasel, Walnussbaum oder Esskastanien tragen Bienen nur wenig zur Bestäubung bei. Diese Obstgehölze sind zur Blütezeit auf eine günstige Luftströmung angewiesen. Auch bei diesen Gehölzen wirkt sich der dichte Bestand in der Siedlung förderlich auf die Befruchtung aus.

Ökologischer Nutzen

Bienen tragen wesentlich zur Bestäubung der Obstblüten bei.

Grüne Inseln in der Stadt

Nicht zuletzt bieten die Gärten ihren Pächtern Freiräume zur Erholung und zur Nutzpflanzengewinnung. Natürlich haben sich die Umstände geändert. So dienen die Kleingärten heute weniger zur Produktion von großen Mengen Kartoffeln und anderen Nahrungsmitteln, sondern mehr zur Freizeitgestaltung unter freiem Himmel. Selbstverständlich kommt dabei auch der Gemüse- und Obstanbau nicht zu kurz.

Nützliche Tiere, wie Bienen, Igel oder Singvögel, die zur Bestäubung wichtig sind oder Schädlinge dezimieren, finden in naturnahen Schrebergärten vielerorts Nisthilfen und Nahrung. Sie siedeln sich in Nistkästen oder anderen artgerechten Nisthilfen an, die ihnen von den Gartenpächtern zur Verfügung gestellt werden.

Meisen, Rotschwänzchen und andere heimische Vögel bleiben ihren Lebensräumen treu und auch Zugvögel wie Stare und Schwalben kommen immer wieder, wenn die Nisthilfen günstig platziert sind. Stare brauchen Kästen auf hohen Bäumen oder Stangen, Schwalben bauen ihre Nester unter den Dächern hoher Häuser, wie beispielsweise am Gemeinschaftshaus.

Der Nutzen dieser Tiere ist zwar nicht sichtbar, aber durch ihren Gesang sind sie stets willkommen. Natürlich wirkt sich die Ansiedlung von Nützlingen auch auf die Umgebung aus, zumal sich die Tiere nicht auf die Gartenparzellen beschränken.

Nisthilfen für Insekten fördern die Ansiedlung von Wildbienen und anderen Nützlingen.

Nutzungsmöglichkeiten

Die Nutzungsmöglichkeiten eines Kleingartens sind auf die Parzelle beschränkt und unterliegen bestimmten Vorschriften – nicht nur denen des dazugehörigen Vereins, sondern auch den jeweils gültigen gesetzlichen Regelungen.

Die Gestaltungsmöglichkeiten der Pflanzflächen sind vielfältig. Beeteinfassungen erleichtern die Pflege.

Wer also ein Stück Land uneingeschränkt nutzen oder ohne besonderen Zweck haben möchte, sollte besser auf einen Pachtvertrag verzichten. Immerhin handelt es sich um ein gemietetes Grundstück in einer Gartengemeinschaft, die eine gewisse Anpassung fordert.

Welcher Garten passt zu mir?

Diese Gemeinschaften können sich ganz wesentlich unterscheiden. Während beispielweise in einer Anlage am Ort recht freies ökologisches Gärtnern erwünscht ist, können in einer anderen Siedlung am selben Ort strenge Pflegevorschriften gelten. Es lohnt sich also, zunächst einen Blick über den Zaun zu werfen oder besser noch ein Gespräch mit einem Siedler oder dem Vorstand der Schrebergartensiedlung zu suchen.

Als Pächter für eine Parzelle kommen vor allem Familien in Frage. An Einzelpersonen wird eher selten verpachtet, es sei denn, es gibt nur eine geringe Nachfrage nach freien Gärten. Auch dazu weiß der betreffende Gartenverein oder das zuständige städtische Amt mehr.

Gestaltung und Spielraum

Für die Anlage und Gestaltung einer Parzelle sind die Auswahlmöglichkeiten im Allgemeinen begrenzt, zumal sie recht ähnlich bemessen sind. Die Lage ist ohnehin vorgegeben. Dazu kommt, dass die Grundstücke meistens schon bebaut und bepflanzt sind oder ein detaillierter offizieller Plan vorliegt. Änderungen oder Abweichungen sind kaum möglich, auch dürfen die direkten Nachbarn nicht beeinträchtigt werden. Das bedeutet, wer ein vorhandenes freies Grundstück pachten möchte, muss die Lage, die Grenze, das Gebäude, die Bepflanzung und vieles mehr akzeptieren. Nur bei Neuanlagen ist gelegentlich ein Mitspracherecht hinsichtlich der Gestaltung möglich. Aber auch hier gilt das Wort der federführenden Planer mehr. Immerhin werden die Anlagen größtenteils mit öffentlichen Mitteln finanziert. Die geringen Pachtpreise tragen nur ganz unwesentlich zur Erhaltung bei.

Dennoch gibt es innerhalb der engen Grundstücksgrenzen und Rahmenbedingungen noch Spielräume für eigene Ideen und Projekte. So ist die Einrichtung des Schrebergartenhäuschens eine individuelle Angelegenheit. Gleiches gilt auch für die Aufteilung und Bepflanzung der Gartenfläche, etwa mit Obst und Gemüse – sofern nicht schon Bäume vorhanden sind. Weiterhin lassen sich Sitzplätze, Grill, Terrasse, Wasserstellen, Spielgeräte für Kinder und andere Gestaltungselemente weitgehend nach eigenen Vorstellungen einrichten. Und schließlich darf der Sinn dieser besonderen Gärten nicht

Vor Aussaat und Pflanzung steht die Lockerung der Beete an.

vergessen werden: Sie sollen weder als Wertanlagen noch als Gestaltungsobjekte dienen, sondern als Betätigungsfelder und Erholungsräume in Nachbarschaft mit anderen Gartenfreunden.

Langzeitprojekt

Auch wenn der Raum zur Selbstentfaltung im Schrebergarten begrenzt ist, gibt es doch noch reichlich Möglichkeiten zur Nutzung – auch für Individualisten.

Wichtig ist, dass für die Nutzung ausreichend Zeit eingeplant wird. Ein eigener Garten ist eine Langzeitaufgabe, deren Erfolg oft erst nach Wochen oder Monaten abzusehen ist. Wer sich nicht regelmäßig im und mit dem Garten beschäftigen kann, wird mit der Pflege bald kaum noch nachkommen.

Dennoch darf diese Warnung nicht zu ernst genommen werden. Der Mensch ist ja nicht für den Garten da, sondern der Garten für den Menschen. Es ist also ratsam, zunächst klein anzufangen und das Nötigste, wie Gras mähen, Unkraut jäten, Hecke schneiden, Gießen und dergleichen zu bewerkstelligen. Sobald abzusehen ist, dass das Gärtnern Freude macht und die ganze Familie mit der Planung und Nutzung einverstanden ist, kann immer noch hier ein neues Gemüsebeet, dort eine weitere Blumenrabatte und vieles mehr dazu kommen.

Die Nutzungsmöglichkeiten sind je nach Kleingartenanlage genau festgelegt, deshalb lohnt es sich, schon vor dem Pachten einen Blick auf die Vorschriften zu werfen. So kann die Tierhaltung verboten oder eingeschränkt sein. Auch wird man in den meisten Fällen keine Zustimmung bekommen, wenn man die Wochenenden in seiner Laube verbringen möchte: Die Gartenhäuschen sind normalerweise nicht als Nachtquartiere vorgesehen.

Gemüse- und Obstanbau

Selbstgezogenes Obst und Gemüse aus dem Schrebergarten ist gesund und immer erntefrisch zu haben. Zudem ist der Anbau seltener Arten möglich, die kaum im Handel zu bekommen sind.

So gibt es beispielsweise neben alten Apfelsorten auch Quitten oder Mispeln, die sonst nur selten angeboten werden, oder besondere Gemüse wie Artischocken, Auberginen oder Cocktailtomaten.

Ein weiterer Vorteil der Selbstversorgung besteht darin, dass die Früchte im besten Zustand geerntet werden können. Sie reifen ungespritzt und ohne Kunstdünger im eigenen beziehungsweise gepachteten Garten und sind bei Bedarf in der benötigten Menge frisch für die Ernte bereit.

Natürlich ist dazu der Anbau eines entsprechend vielfältigen Sortiments nötig, damit vom Spätwinter mit den ersten Salaten bis zum Spätherbst mit den letzten Wintergemüsen immer etwas reift. Das Angebot lässt sich durch die Obst- und Gemüselagerung erweitern.

Auch mittels Konservierung im Gefrierschrank oder in Gläsern bleibt die Fülle an Früchten, Gemüsen und Kräutern länger erhalten. Handelsware ist oft nicht ganz ausgereift oder schon überreif, da sich hier die Wirtschaftlichkeit wesentlich auf die Vermarktung auswirkt.

Dekorative Nutzpflanzen

Obstgewächse und Gemüse sind aber nicht nur eine Gaumenfreude, sondern können auch eine Augenweide sein. Ein Apfelbaum ist gewiss genau so schön wie ein typisches Ziergehölz. Er blüht im Frühjahr, trägt saftig grünes Laub und bringt dann im Herbst noch dazu leuchtend rote Früchte hervor. Aber auch Tomaten, Paprika, Artischocken, Auberginen oder Salate sind schön und nützlich. Einen Wert als Nutzpflanzen haben ebenso einjährige Schlinger. Feuerbohnen, die sowohl in Kübeln als auch in Gartenbeeten gedeihen, lassen sich beliebig

Damit im Herbst große Früchte reifen, muss im Frühjahr rechtzeitig ausgesät werden.

auf Spaliere, Schnüre oder Gerüste lenken. Hier blühen und fruchten sie dann reich und zuverlässig. Ähnlich sind Kürbisse einsetzbar. Sie bringen im Sommer große gelbe Blüten hervor, aus denen im Herbst riesige Früchte wachsen.

Auswahl nach Gartengröße
Je nach Art und Größe hat natürlich nur eine begrenzte Auswahl an Nutzpflanzen im Garten Platz. Besonders bei Gehölzen muss gezielt ausgewählt werden. Allerdings sind auch Erziehungsformen möglich, die nur wenig Platz brauchen, zum Beispiel Spaliere am Haus oder auch freistehende Spaliere, die zur Unterteilung der Fläche oder als grüne Gartengrenzen dienen.

Als kleine Obstgehölze kommen vorzugsweise Spindelbuschbäume oder neuerdings sogenannte Ballerinas in Frage. Sie lassen sich sogar in Kübeln kultivieren und jederzeit auf- oder umstellen. Genauso wertvoll sind aber auch fruchtende Klettergehölze, wie Weinreben oder Kiwis. Als kleine Hausbäume in kleinen Gärten kommen von Natur aus schwachwachsende Arten in Frage, so etwa Sauerkirsch-, Aprikosen- oder Pfirsichbäume. Wo genug Platz ist, können auch große Gehölze wie Apfel-, Birnen- oder Süßkirschen-Hochstämme eingesetzt werden.

Recht wirkungsvoll lassen sich Obststräucher in Hecken pflanzen. So sieht beispielsweise eine Wildobsthecke aus Kornelkirschen, Haseln, Schlehen, Holunder und anderen Arten gut aus und trägt ohne besondere Pflege regelmäßig reichlich Früchte. Selbstverständlich müssen die Grenzabstände eingehalten werden. Vielleicht haben aber auch die Nachbarn Freude an einer solchen Grundstücksgrenze. Meistens ist bei der Übernahme einer eingewachsenen Gartenparzelle schon ein Obst-

Ein Folientunnel verlängert die Erntezeit. Außerdem schützt er vor kaltem Wind und Regen.

Spaliere machen Raum sparende Erziehungsformen möglich. Zudem geben sie Sichtschutz.

gehölzbestand vorhanden, sodass nur geringe Nachpflanzungen nötig oder möglich sind.

Nützliche Blütenstauden

Weniger üppig als bei Gehölzen und Gemüsen ist die Auswahl bei nützlichen krautigen Blütenpflanzen. Immerhin nehmen die Stauden und Sommerblumen einen großen Teil der Gartenfläche ein und tragen besonders zum Schmuck der Gärten bei. Dennoch gibt es auch hier eine Reihe von Alternativen im Nutzpflanzensortiment, vor allem, wenn ausdauernde Kräuter wie Lavendel, Salbei, Rosmarin und dergleichen aufgenommen werden. Auch eignen sich auch viele Gemüse als Schmuckpflanzen in Rabatten und Beeten, so etwa der Rhabarber, der ein sehr auffälliges Blattwerk und prächtige Blüten entwickelt oder die Schwarzwurzel, die leuchtend gelbe Blüten hervorbringt. Auch die Topinambur oder Erdbirne *(Helianthus tuberosus)* bildet Horste, die durchaus mit denen anderer Blütenstauden vergleichbar sind. Was viele nicht wissen: Die Blüten der Schwarzwurzel und der Topinambur duften nach Schokolade! Das Sortiment bietet eine Auswahl an schönen und nützlichen Einjährigen. Die Kapuzinerkresse gehört dazu, die einjährige Sonnenblume und der Zuckermais.

Eine große Anbaufläche mit Gemüse und Blumen braucht während der Saison viel Pflege.

Gemüse jedes Jahr neu pflanzen

Anders als Obstgehölze, die langfristig eingeplant und richtig gepflanzt werden müssen, bekommen Gemüse jedes Jahr neue Beete – einige Langzeitkulturen wie Spargel oder Topinambur ausgenommen. Der Gemüseanbau macht dementsprechend ständig wechselnde Arrangements möglich. Er macht aber auch mehr Arbeit als der Obstanbau. Gemüse lässt sich schon auf kleinen Flächen kultivieren. Es lohnt sich, zunächst mit wenigen „einfachen" Arten zu beginnen und die Freude am Gärtnern zu erproben. Wenn die wenigen Tomaten, Paprika, Radieschen und dergleichen gut gedeihen und die ständige Pflege nicht zur Last wird, können immer noch weitere Flächen dazu gewonnen und bepflanzt werden.

Günstige Kombinationen sind stets zu beachten. Mischkulturen und der Fruchtwechsel bewahren vor einseitiger Auszehrung und vermindern den Schädlingsbefall. Zur Gesunderhaltung tragen auch spezielle Pflanzen bei, die mit eingesät werden. So vertreiben beispielsweise Tagetes schädliche Wurzelnematoden, Kapuzinerkresse wehrt Blattläuse ab und Knoblauch schützt vor Pilzkrankheiten. Diese sogenannten Gesundungspflanzen lockern gleichzeitig die strengen Gemüsereihen auf. Kräuter dürfen hier oder andernorts in eigenen Beeten keinesfalls fehlen. Besonders zu empfehlen sind mehrjährige Arten, wie Salbei, Thymian, Pfefferminze und dergleichen, die jedes Jahr aufs Neue treiben.

Zierpflanzen

Strenge Unterteilungen in bestimmte Gartentypen sind kaum machbar und auch nicht nötig. Kräuter im Rosenbeet sind sowohl schön als auch nützlich. Das gilt genauso für Buschtomaten in der Sommerblumenrabatte oder umgekehrt für Rosenstämmchen im Gemüsegarten sowie für viele andere Pflanzenkombinationen.

Dennoch lassen sich durch den Einsatz bestimmter Blütenpflanzen besondere Akzente setzen.

Wer die Wahl hat, hat die Qual – das gilt besonders auch bei der Gartengestaltung. Das Sortiment an Gehölzen, Stauden und Sommerblumen ist unüberschaubar. Bei einem Rundgang durch eine Baumschule oder ein großes Gartencenter wird deutlich, dass nur wenige der angebotenen Pflanzen für den eigenen Garten in Frage kommen. Immerhin sind in Europa weit mehr als 2000 Arten und davon wiederum unzählige Sorten in Kultur. So können Sie beispielsweise zwischen mehr als vierzig verschiedenen Ahorn-Arten in jeweils etlichen Züchtungen wählen. Vom Spitzahorn etwa gibt es rotblättrige, gelbblättrige oder auch kleinkronige Sorten. Dieses Beispiel lässt sich auf fast alle Pflanzenarten übertragen. Wohl am größten ist das Angebot an Rosenarten und -sorten.

Der Platz schränkt ein
Selbstverständlich können nur ganz wenige Gehölze in den Garten aufgenommen werden, zumal meistens schon ein Bestand vorhanden ist. Die Wünsche sind also gut zu überlegen und zu realisieren, und zwar langfristig gesehen. Bäume und Sträucher sind normalerweise Anschaffungen fürs Leben. Änderungen oder Umpflanzungen sollten von vorn herein vermieden werden.

Rosen und Blütenstauden

Weitaus mehr Auswahl gewähren die kleineren Pflanzen. Edelrosen und Blütenstauden brauchen weit weniger Platz als Bäume und Sträucher.

Tulpen und andere Zwiebelblumen setzen im Frühjahr Akzente.

Rosenstämmchen zeichnen sich durch eine lange Blütezeit aus.

Sie sind auch weniger langlebig, sodass Änderungen durchaus möglich werden und sogar nötig sind. Edelrosen, die zwar auch zu den Gehölzen zählen, aber besondere Eigenschaften haben, bleiben gewöhnlich nur wenige Jahre am selben Ort vital. Sie müssen früher oder später, wenn sich Krankheiten breit machen, durch neue Pflanzen ersetzt werden. Dann ist auch ein Ortswechsel nötig. Grundsätzlich gedeihen diese wunderbaren Gartenpflanzen nur an vollsonnigen Plätzen auf tiefgründigem und nährstoffreichem Boden.

Einfacher lassen sich Blütenstauden ansiedeln und wüchsig erhalten. Deren Fülle lässt keine Wünsche offen.

Das Sortiment bietet von A wie Astilbe bis Z wie Ziest für jeden Garten und jeden Geschmack etwas. Mitunter sind etliche langlebige Arten dabei. So können etwa Pfingstrosen ein durchschnittliches Menschenalter erreichen, wenn sie ungestört am richtigen Platz wachsen dürfen. Andere bleiben nur gesund und wüchsig, wenn sie gelegentlich geteilt und umgesetzt werden. Natürlich müssen auch die Stauden ihre passenden Standorte bekommen. Schattenstauden brauchen den Schutz größerer Gehölze. Polsterstauden gehören auf vollsonnige Plätze. Beachten Sie – wie grundsätzlich ratsam – die Kulturbeschreibungen der einzelnen Arten.

Langfristige Entwicklung beachten

Als weiterer wichtiger Aspekt sollte berücksichtigt werden, dass sich die Pflanzenauswahl auch nach der Zeit und Muße für die Pflege zu richten hat. Pflegebedürftige Pflanzen kommen nur dann in Frage, wenn man ihnen die nötige Zuwendung zukommen lassen kann. Andernfalls verkümmern sie bald.

Eine weitere Einschränkung bei der Pflanzenauswahl geben die klimatischen Verhältnisse vor. In rauen Regionen haben nur robuste Arten und Sorten Bestand. Frostempfindliche Gewächse wie echte Mandelbäumchen, Feigen oder Rosmarinbüsche fallen früher oder später einem strengen Winter zum Opfer. Sie lassen sich langfristig nur als Kübelpflanzen kultivieren.

Ganz entscheidend für eine gute Entwicklung der Zierpflanzen im Ziergarten ist – neben der richtigen Bodenvorbereitung und Standortwahl – das Raumangebot. Hier werden die meisten Fehler gemacht, weil die Jungpflanzen in den Kübeln oder Containern alle ziemlich ähnlich aussehen und die kleinen Gewächse nichts von der endgültigen Größe erahnen lassen.

Die Beachtung der Pflanzenbeschreibungen oder die Beratung einer Fachperson hilft, diese Fehler zu vermeiden. Am besten werden die Wünsche mit Hilfe eines Katalogs auf ein Blatt Papier übertragen. Diese Pflanzenliste, die meistens viel zu lang wird, lässt sich dann in der Baumschule oder einem Gartencenter als Vorlage nutzen. Dementsprechend können die passenden Gewächse ausgewählt und richtig zusammengestellt werden.

Optimal ist es, wenn die Fachperson die gemeinsam ausgewählten Pflanzen auch liefert und im Garten einsetzt. Dann kommen die Pflanzen an die richtigen Plätze und die Pflanzabstände passen langfristig. Normalerweise ist dieser Service beim Kauf der Pflanzen in einer guten Baumschule im Preis inklusive. Helfer mit Pflanzenkenntnissen sind sicher auch unter den benachbarten Gartenfreunden zu finden.

Dahlien, Zinnien und andere Sommerblüher bringen Farbe in den Garten.

Tierhaltung

Wer Hasen, Hühner, Enten oder andere Haustiere in seiner Parzelle züchten möchte, muss vorher Auskunft beim Vorstand oder bei Vereinsmitgliedern einholen. Ob die Tierhaltung erlaubt ist, steht auch in der Vereinssatzung.

In den meisten Kleingartensiedlungen ist die Tierhaltung verboten. Wenn sie zulässig ist, muss natürlich erst geprüft werden, ob die nötige Zeit zur Verfügung steht: Die Tierhaltung erfordert die tägliche Versorgung. Außerdem müssen die entsprechenden Stallungen vorhanden sein. Das gilt auch für die Bienenzucht, gegen die es in der Regel keine Einwände von Seiten des Vereins gibt.

Wildtiere ansiedeln

Singvögel, Eidechsen, Igel und andere Wildtiere sind in jeder Kleingartenkolonie gern gesehene Gäste.

Der beste Schutz und die günstigste Förderung für Nützlinge aller Arten sind ideale Lebensbedingungen. In einer „aufgeräumten" Landschaft oder einem monotonen Garten finden sich selten Tiere ein oder sie bleiben nur kurze Zeit.

Die Pflanzung von Bäumen, Hecken, Stauden und die Aussaat von Sommerblumen sowie die Duldung von wilden Flächen mit Wiesenblumen und Wildkräutern bringt mehr als die Anschaffung von Kästen, Kisten und Höhlen. Eine üppige Vegetation im Garten mit Wildobst, Wiesen, Wasserstellen, Steingarten, Holzstapeln, Steinhaufen und dergleichen ist eine Einladung für Vögel, Kriechtiere, Igel und Insekten. Deshalb darf natürlich immer noch genügend Raum für Rasen und andere gepflegte Freiflächen bleiben. Chemische Unkrautvernichtungsmittel oder andere Gifte sind allerdings für deren Pflege ungeeignet. Sie schaden mehr als sie nützen.

Schrebergarten mit Hühnervoliere

Erholung

Damit die Gartenparzelle auch als Erholungsort dient, sollte die Pflege, die auf den Pächter zukommt, diesen nicht überfordern. Ein Garten bleibt meistens nicht in dem gepflegten Zustand, in dem er sich nach der Übernahme präsentiert.

Er verändert sich durch das Wachstum der eingesetzten Pflanzen und die Ansiedlung unerwünschter Sämlinge ständig.

Wer gern gärtnert, sieht das nötige Jäten und Hacken nicht als lästige Arbeit an, sondern freut sich darüber, dass er im Garten einen Ausgleich zu einer beruflichen Tätigkeit etwa in der Industrie oder im Büro findet. Sein Einsatz wird dadurch belohnt, dass sein Grundstück wieder gepflegt wirkt. Dagegen wird jemand, der keinen Drang zu körperlicher Arbeit nach Feierabend hat, sondern lieber in der Sonne liegt, wenig Freude an wuchernden Kräutern in seinen Beeten haben.

Dementsprechend richtet sich die Art der Gartengestaltung nach den persönlichen Bedürfnissen und Vorlieben. Ein Anfänger im Gärtnern sollte deshalb mit wenigen Beeten beginnen und zunächst prüfen, wie die Pflegearbeiten in der vorhandenen Gartensituation zu schaffen sind.

Die nötige Pflege richtet sich dabei nach der Jahreszeit und dem Wachstum. Es heißt: Was im Mai in einer Woche wächst, braucht im August den ganzen Monat. Im Mai muss beispielsweise der Rasen öfter gemäht werden als im August. Natürlich wachsen die unerwünschten Gräser und Kräuter in den Beeten auch im Frühjahr stärker als im Hochsommer. Allerdings lassen sich Pflegeerleichterungen nutzen, um sich Arbeit zu sparen. Dazu zählen zum Beispiel Mulchmaterialien, die störende Kräuter unterdrücken. Ebenso sollte neben den Pflegeerleichterungen und hilfreichen Werkzeugen eine praktische Einrichtung zur Verfügung stehen. Dazu gehören bequeme Sitzmöbel, ein Sonnenschutz, Abschirmungen und andere Utensilien – je nach Gartenlage und Nutzung.

Stabile Baumstämme bieten sich für eine Hängematte an.

Auswahl, Bewerbung, Pacht

Wie kommt man zu einem Schrebergarten?

Wie kommt man zu einem Schrebergarten?

Wenn Sie ein Stück Gartenland pachten wollen, haben Sie mehrere Möglichkeiten, eine passende Parzelle zu finden. Die Auswahl ist vom Angebot am Ort abhängig oder auf die nähere Umgebung beschränkt. Meistens gehören die Anlagen der Gemeinde oder der Stadt.

Die Adressen der jeweiligen Vorstände der verschiedenen Kleingarten-Siedlungen bekommen Sie bei der Gemeindeverwaltung oder beim zuständigen städtischen Amt. Wenn Sie schon bei einem Rundgang durch eine Siedlung eine freie Parzelle erspäht haben, notieren Sie sich am besten den Namen (zum Beispiel „Am Sonnenhügel" oder „Land in der Sonne") und erkundigen Sie sich beim Vorstand dieser Anlage, ob etwas frei ist oder vielleicht demnächst wird.

Eigentümer können aber auch Organisationen wie beispielsweise der Hauptverband der Bahn-Landwirtschaft e. V. sein, der ausgewiesene Grundstücke an Bahnlinien verpachtet. Dieser Verein wurde ursprünglich als Sozialeinrichtung für Bahnbedienstete gegründet, ist aber inzwischen für alle Interessenten ohne Einschränkungen offen. Das Abonnement für die monatlich erscheinende Gartenzeitschrift ist im Pachtpreis, der nicht sehr hoch ist, mit eingeschlossen.

Eine weitere Möglichkeit, zu einem Gartengrundstück zu kommen, bie-

Hier treffen sich der Vereinsvorstand, ein Fachmann vom Gartenamt und der Gartenpächter bei einer Gartenbesichtigung.

ten die Tageszeitungen. Im Anzeigenteil findet sich unter „Pachtgesuche" vielleicht ein Anbieter, der beispielsweise aus Altersgründen oder wegen Umzugs seine Parzelle aufgibt. Gelegentlich werden dort auch freie Grundstücke angeboten.

Sich vor Ort erkundigen
Der beste Weg jedoch ist sicher der direkte. Bei einem Besuch in einer oder mehreren Anlagen in der Umgebung sind freie Parzellen zu finden, nebenbei bekommt man auch gleich einen ersten Eindruck von der Anlage. Bei einem Gespräch mit Pächtern kann man weitere wichtige Informationen erhalten. Diese erste Begutachtung kann wesentlich zur Entscheidung beitragen. Genauere Auskünfte sind wiederum vom Vorstand der Anlage zu erfahren, dessen Adresse in der Regel auf einer Informationstafel am Eingang zu finden ist.

Diese Tafel hilft auch weiter, wenn kein Besuch der Anlage möglich ist. Sind die Tore einer Schrebergartensiedlung geschlossen, liegt der Grund für diese Schutzmaßnahmen meist in schlechten Erfahrungen mit Einbrüchen, Beschädigungen und Diebstählen. Im Allgemeinen ist dieses Misstrauen aber übertrieben und nicht gerechtfertigt. Das Verhalten Besuchern gegenüber kann sehr unterschiedlich sein: Während sie in einigen Kleingartenanlagen sehr freundlich aufgenommen oder zumindest geduldet werden, sind sie in anderen nicht gern gesehen. Diese Einstellung kann durchaus auch eine Entscheidungshilfe für oder gegen eine Grundstückspacht sein. Wer möchte schon gern seine Freizeit freiwillig neben unliebsamen Nachbarn verbringen?

Gründung einer Siedlung

Zur Gründung weisen die Gemeinden oder Städte Freiflächen für neue Gemeinschaftsgärten aus und veranlassen oft auch deren Anlage und Erschließung. Das Angebot neuer Schrebergartensiedlungen richtet sich jedoch auch nach der Nachfrage: Wenn sich viele Interessenten beim zuständigen städtischen Amt um eine Parzelle bewerben, werden Neuanlagen in die Planung einbezogen. Mit Sicherheit kann deshalb eine Mietergemeinschaft zur Gründung neuer Schrebergärten beitragen, der Bedarf an Gärten lässt sich beispielsweise mithilfe einer Unterschriftenliste deutlich machen.

Neuerschließungen sind auch ohne Unterstützung der öffentlichen Hand möglich. Wenn sich genügend Bewerber zusammenfinden und ein passendes Grundstück wie etwa Brachland am Ortsrand vorhanden ist, ist eine Erwerbung, Erschließung und Gründung auf Vereinsbasis durchaus denkbar und möglich.

Wer bekommt eine Parzelle?

Normalerweise sind die Kleingärten als Erholungsräume für Familien gedacht, die zur Miete wohnen und keinen Garten haben. Sie müssen nachweislich am Ort ansässig sein. Wenn allerdings freie Parzellen ungenutzt brach liegen, kann es durchaus vorkommen, dass sie auch alleinstehenden Gartenfreunden zuteil werden.

Wer also eine Parzelle haben möchte, sollte sich von den Vorschriften zunächst nicht abhalten lassen. Ausnahmen bestätigen auch hier die Regeln. Selbstverständlich dürfen diese Freiräume nicht missbraucht werden: Wer in einer Gartenparzelle einen günstigen Lagerplatz oder ein Objekt zum Vermieten sieht, muss sich auf Widerspruch oder eine Kündigung gefasst machen.

Auswahlkriterien hinsichtlich des Berufstandes gibt es nicht. So leben und gärtnern in vielen Anlagen Angehörige der verschiedensten beruflichen und gesellschaftlichen Gruppen einträchtig miteinander. Ob Handwerker, Akademiker oder Rentner – im Garten geht es ums Gemüse und nicht um den Titel. Wer mit dabei sein möchte, sollte an einer Mitgliederversammlung teilnehmen. Für eine Aufnahme genügt normalerweise die Zustimmung zweier Vorstandsmitglieder (Vereinsvorstand und Schriftführer zum Beispiel), die sich den Interessenten genauer ansehen. Für den künftigen Pächter kann das Treffen genauso aufschlussreich sein, ob der Verein zu den eigenen Vorstellungen passt oder nicht. Meistens kommt jedoch ein schneller Vertragsabschluss zustande, zumal es sich um eine bodenständige und risikolose Zusammenarbeit handelt.

Leben in der Gartengemeinschaft
Obwohl die Mitgliedschaft auf Vereinsebene abläuft und gelegentliche Gemeinschaftsaufgaben, wie He-

cken schneiden, Wege säubern oder Zäune streichen, zum Jahresarbeitsplan gehören, ist doch vorwiegend ein ungestörtes Eigenleben in der Parzelle möglich. Der Kontakt zu den Nachbarn gehört natürlich dazu. Bei Familien sorgen schon die Kinder für ein reges grenzüberschreitendes Gartenleben. Bei Einzelgängern kann sich der Austausch aber auch auf den Verleih von Geräten oder den einen oder anderen Gemüsetipp beschränken. Jede Nachbarschaft entwickelt ihre Eigendynamik. Mit Sicherheit wird es aber nicht beim Radieschen züchten in den eigenen Reihen bleiben.

Übrigens sei dringend darauf hingewiesen, dass selbst völlig ungeübte Interessenten nicht von einer Pacht ausgeschlossen sind. Irgendwann hat jeder Gartenfreund mit seiner Leidenschaft begonnen. Die Lehrzeit dauert ein Leben lang. Fehler bleiben da nicht aus, und die kleinen Misserfolge dürfen gern belächelt werden. Auf jeden Fall stehen Einsteigern hilfreiche Nachbarn mit Rat und Tat zur Seite.

Der finanzielle Aspekt

Die Kosten für einen Schrebergarten sind recht gering. Die Anlagen werden meistens von der öffentlichen Hand unterstützt. Bei einer Neuanlage lohnt es sich deshalb, eventuelle Fördermöglichkeiten zu nutzen. Die Bemessung des Pachtzinses selbst ist im internationalen Vergleich unterschiedlich geregelt, spiegelt aber meistens den sozialen Aspekt dieser Gartenidee wieder. So wird der Pachtzins in Deutschland für die gesamte Kleingartenanlage im Bezug zur ortsüblichen Pacht im gewerbsmäßigen Obst- und Gemüseanbau errechnet und auf die Pächter verteilt. Dabei sind Grundstücks- und Gebäudemiete sowie die Nebenkosten für Wasser, Strom und Versicherungen enthalten. Für diesen verhältnismäßig geringen Betrag gibt es normalerweise keinen Zuschuss. Erkundigen Sie sich beim zuständigen städtischen Amt oder dem Kleingartenverein, wenn Sie eine Pacht beabsichtigen. Möglicherweise sind doch Vergünstigungen machbar, beispielsweise in Form von Eigenleistung durch die Renovierung eines maroden Gartenhäuschens oder die Instandsetzung einer vernachlässigten Parzelle.

Jede Kleingartenanlage bietet andere Voraussetzungen. Günstige Bedingungen ergeben sich bei einer Neuanlage oder der Modernisierung im Rahmen einer öffentlichen Gartenschau. Wenn die Kleingärten in das Konzept einbezogen sind, kommen die Fördermittel auch den Pächtern zugute. So können für jede Parzelle preisgünstig oder sogar kostenlos zusätzliche Gestaltungselemente wie ein Gewächshaus, ein Zaun oder eine Gerätehütte erworben werden.

Zusätzlich bekommt die Anlage eventuell ein neues Gemeinschaftshaus mit Toilette und weitere nützliche Objekte. Als Gegenleistung sind die Pächter eine Saison hindurch Teil der Gartenschau mit dem entsprechenden Besucherverkehr.

Diese noch junge Siedlung wurde auf Ackerland am Stadtrand gegründet.

Zuschüsse für Neuanlagen

Bei einer völligen Neuanlage, die sich etwa bei der Erschließung einer neuen Wohnsiedlung ergibt, sind die Fördermöglichkeiten besonders umfangreich. Zudem haben die künftigen Pächter in einem gewissen Rahmen ein Mitspracherecht. Sie können beispielsweise bei der Gestaltung ihres Gartenhäuschens mitwirken oder zur Anlage von Obstwiesen, Steingärten und anderen Objekten in der Gemeinschaftsanlage beitragen.

Die Baustoffe gibt es dafür oft kostenlos oder günstiger als im freien Handel. Die Planung und Verwirklichung einer solcher Anlage führt ein freier Gartenarchitekt oder ein kompetenter Mitarbeiter des zuständigen städtischen Amtes durch. Besondere Objekte mit vorbildlichem Charakter bekommen oft auch Bundes- oder Landeszuschüsse, so etwa, wenn zugängliche Anlagen entstehen, die auch den Bürgern der angrenzenden Wohnsiedlung zugute kommen oder wenn die Planung unter einem bestimmten Aspekt geschieht. Das könnte zum Beispiel eine Anlage sein, die sich selbst mit Solarstrom versorgt oder in der naturnahes Gärtnern vorgeschrieben wird.

Geeignete Flächen suchen

Oft dienen wenig wertvolle oder anderweitig nutzbare Grundstücke für Schrebergarten-Neuanlagen. Es gibt sie in jeder Ortschaft. Wer Interesse an der Gründung einer Schrebergartensiedlung hat, kann sich bei der Gemeinde- oder Stadtverwaltung nach freiem öffentlichem Ge-

Das Vereinsheim dient als Versammlungsort für Vorträge, Kurse und Sitzungen.

lände erkundigen. Das kommt natürlich nicht für Einzelpersonen infrage, sondern nur wenn mehrere Gartenfreunde ihr Gründungsvorhaben bekunden. Bei der Gelegenheit wird vielleicht sogar ein gegenseitiges Interesse geweckt. In dem Fall ist das Vorhaben in sicheren Händen.

Organisation

Eine Schrebergartenkolonie ist im Allgemeinen als gemeinnütziger Verein eingetragen. Abgesehen von den rechtlichen Vorgaben zur Organisation hat jede dieser Gemeinschaften ihre eigenen Umgangsformen. So müssen sich auch die Mitglieder einer Kleingartensiedlung an gewisse „Spielregeln" halten. Diese sind in einer „Satzung" festgelegt. Die Freude über ein eigenes kleines Stück Land kann leicht getrübt werden, wenn die Verbindlichkeiten unbedacht bleiben. Sicherlich ist das Risiko einer Gartenpacht sehr gering, dennoch kommen Pflichten auf die Pächter zu, die durchaus lästig sein können.

So gilt es nicht nur den eigenen Garten instand zu halten, sondern auch gewisse Gemeinschaftsaufgaben zu erfüllen. Je nach Art der Anlage müssen Wege gekehrt, Hecken geschnitten oder Gemeinschaftsräume gereinigt werden. Was alles auf den Pächter zukommt, ist aus der jeweiligen Satzung ersichtlich. Dieses Schriftstück in Form eines kleinen Büchleins oder Heftes enthält alle möglichen Reglementierungen, die Sie sich vor dem Abschluss eines Pachtvertrages genau durchlesen sollten.

Die Schrebergartenkolonien einer Stadt sind im Kleingartenverband zusammengeschlossen. Dennoch ist jede Kolonie unabhängig und auf die eigene Anlage begrenzt. Treffen zwischen den Siedlergemeinschaften sind selten oder finden nur zu bestimmten Anlässen statt. Günstige Gelegenheiten bieten Baumschneidekurse, Vorträge oder Sommerfeste.

Gestaltungselemente und Einrichtung

Das Gartenhaus

Terrassen und Wege

Hecken, Mauern, Zäune

Spielmöglichkeiten für Kinder

Die Kräuterschnecke –
   dekorativ und nützlich

Das Hochbeet

Beeteinfassungen

Folientunnel, Gewächshaus, Frühbeet

Teiche, Brunnen, Schöpfbecken

Das Gartenhaus

Im Gartenhaus sind die Geräte und Gebrauchsgüter sicher untergebracht, außerdem bietet es Schutz bei schlechtem Wetter.

Mit der Gartenparzelle wird meistens auch ein bestehendes Gartenhaus übernommen.

Ein Pultdach lässt sich einfacher bauen als ein Satteldach. Dieses Häuschen wurde aus Sperrholzplatten gebaut.

Die meisten Schrebergärten werden schon bei der Gründung mit Gartenhäuschen ausgestattet. So gehört bei der Übernahme einer Parzelle ein Gebäude aus Holz oder Stein unbedingt dazu. Das Häuschen wird auch in die Bewertung der Anlage maßgeblich mit einbezogen.

Den Schätzwert eines Gartens legen in der Regel der Vorstand der Anlage und der Vorsitzende des Kleingartenverbandes fest. Dies geschieht in Anwesenheit der Vorpächter und der künftigen Gartenbenutzer. In der gesamten Bewertung machen sich neben dem Häuschen auch Pflanzen als Wertobjekte bemerkbar. Jede Pflanze hat einen bestimmten Wert, so wird der eines Obstbaumes etwas höher angesetzt als der einer Edelrose (zum Beispiel 15 Euro beziehungsweise 3 Euro) und so weiter. Auf diese Weise kann eine Summe von mehreren tausend Euro zusammenkommen, wobei sich das Gartenhäuschen entscheidend auswirkt. Es lohnt sich, auch die Weiterverpachtung im Auge zu behalten und in diesem Sinne die Pflege und Instandhaltung des Gartens nicht zu vernachlässigen. Erneuerungen und genehmigte Umbauten können also durchaus rentabel sein.

Im Falle einer Auflösung des Gartens leisten der Verein oder die Nachpächter unter Umständen eine angemessene Ablösezahlung. Dabei können Gartengeräte oder andere Anschaffungen ebenfalls angerechnet werden, soweit sie brauchbar sind und erhalten bleiben.

Ein Dach über dem Kopf

Die Instandhaltung des Gartenhäuschens ist selbstverständlich nicht aus Spekulationsgründen, sondern im eigenen Interesse eine zentrale Aufgabe. Sie erfordert ohnehin nur einen geringen Aufwand. Normalerweise genügt es, die Holzbauteile wie Fenster und Türen vor der Verwitterung zu bewahren. Ein neuer Anstrich im Frühjahr tut auch der optischen Wirkung gut. Er wischt sozusagen den Grauschleier des Winters weg. Weiterhin brauchen Regenrinnen, Wasseranschlüsse, Scharniere und dergleichen ihre nötige Wartung.

Sonst beschränkt sich die Instandhaltung auf die gelegentliche Reinigung. Übrigens darf auch nicht zu viel in das Eigenheim auf Zeit gesteckt werden. Der Umbau in ein Wohnobjekt ist in den meisten Anlagen verboten. Die Gärten sollen ja nur zur Freizeitgestaltung nutzbar sein. Gegen eine gemütliche Einrichtung mit Sitzgruppe, Küchenschrank und Sofa gibt es aber sicherlich keine Einwände.

Obwohl das Gartenhaus keinen Wohnraum auf Dauer darstellt, kann es doch kurzfristig in Notlagen oder in der Freizeit als „Fluchtburg" dienen. Vor allem aber sollte das nötige Material für ein Kaffeekränzchen oder Sommerfeste nicht erst angeschafft werden, sondern jederzeit verfügbar sein. Auch wer seinen Feierabend im Garten genießen möchte, findet sein kellerkühles Bier zum frischen Rettich in der Hütte.

Gerätelager

Vor allem aber dient das Häuschen zur Aufbewahrung von Geräten und Utensilien. In einem meist separaten Raum sind Rechen, Spaten, Rasenmäher und dergleichen gut untergebracht. Zur Ausstattung gehören auch Hammer, Säge und andere

Neben dem Gartenhaus ist auf der Parzelle meistens auch noch Platz für ein

nützliches Kleingewächshaus.

Handwerkzeuge sowie Befestigungselemente des täglichen Gebrauchs. Zudem gibt es Lagermöglichkeiten für Sämereien, Zwiebeln oder auch für Gemüse und Obst. Leitern und andere sperrige Güter bekommen draußen an einer wettergeschützten Seite ihren Platz.

Altlasten
Oft decken noch asbesthaltige Welleternitplatten die Häuschen ein. Solange sie liegen bleiben, stellen diese Bedachungen keine Gefahr dar. Auch das Regenwasser von diesen Dächern kann normalerweise ohne Bedenken gesammelt und verwendet werden. Im Lauf der Jahre hat die Oberfläche einen Flechtenbelag bekommen. Dieser Schutzfilm schirmt das Asbestgewebe sicher ab. Erst wenn die Platten entfernt und durch anderes Material ersetzt werden, geht ein Gesundheitsrisiko davon aus. Hierbei sind Beschädigungen unbedingt zu vermeiden, da die feinen Asbestsplitter bei Brüchen in die Luft gelangen. Auf jeden Fall sollte eine solche Dacherneuerung nicht ohne Mundschutz geschehen. Die Platten gehören anschließend zum Sondermüll und dürfen nicht in den Hausmüll oder auf eine Deponie gelangen. Auskunft hierzu erhalten Sie beim zuständigen Ordnungsamt oder bei der Abfallberatungsstelle.

Neubau
In Neuanlagen kommen oft der Verein oder die Stadt für die Errichtung eines Gartenhäuschens auf. Gelegentlich sind aber auch die Pächter selbst dafür zuständig. In dem Fall kommen verschiedene Typen infrage – soweit sie dem vorgegebenen Rahmenplan entsprechen. Falls nur

Gebäude aus Stein genehmigt sind, wird zunächst ein Bauplan benötigt. Die Errichtung ist dann einem Maurer vorbehalten oder jedenfalls einem handwerklich geübten Pächter.

Einfacher ist der Bau eines Holzgebäudes. Das kann ein fertiger Bausatz aus Blockbohlen sein oder eine eigene Konstruktion. Je nach Größe und Ausstattung ist mit Preisen zwischen 2500 bis 5000 Euro zu rechnen. Eigenleistung kann die Kosten wesentlich senken.

Wer sich die Errichtung einer einfachen Hütte selbst zutraut, kommt sogar mit einem Baubudget von etwa 1000 Euro aus. Das ist der Preis für das Bauholz, die Eindeckung aus Dachpappe und die Verbindungselemente. Fenster und Türen kommen noch dazu. Die Punktfundamente lassen sich mithilfe von Betonrohren oder Betonsteinen ebenfalls in Eigenregie schaffen.

Dieser Gartenhaustyp mit Anlehngewächshaus wirkt im Winterhalbjahr als Wärmespeicher.

Bau eines Gartenhauses mit Anlehngewächshaus

1 Eine Bodenplatte aus Beton und eine Ziegelwand bilden die Basis.

2 Nach dem Errichten des Gartenhauses aus Holz kommt das Anlehnhaus an die Reihe.

3 Die Dachsparren liegen hier auf einem Sockel aus Klinkersteinen und auf Pfosten an der Wand auf.

4 Die Eindeckung aus Stegdoppelplatten aus Kunststoff bietet im Winter einen Kälteschutz.

Terrassen und Wege

Der wohl wichtigste Platz im Kleingarten, die Terrasse, liegt direkt am Gartenhaus. Die Gestaltung dieser Wohnfläche im Grünen hat nach dem Hausbau Vorrang.

Ein Rasenpflaster braucht keinen massiven Unterbau. Zum Verfugen dient Humus.

Gartenhaus-Bausätze sind meistens mit einer Holzveranda ausgestattet.

Bei enger Nachbarschaft zu anderen Freiluftfreunden oder bei einer Grundstückslage an einer Straße ist eine Abschirmung wünschenswert. Wer auf dem „Präsentierteller" sitzt, muss sich von Passanten oder Nachbarn in die Kaffeetasse gucken lassen.

Der Sichtschutz kann je nach Lage direkt auf der Terrasse platziert werden – etwa in Form von Terrakottatöpfen und buschigen Pflanzen oder mithilfe begrünter Sichtschutzelemente. Zur Einfriedung kann aber auch ein Grüngürtel beispielsweise aus Strauchrosen und Kräutern neben der befestigten Fläche dienen. Ein dichter Pflanzstreifen an der Gartengrenze oder eine Hecke macht sogar eine offene Terrassengestaltung möglich. In diesem Fall kann der Rasen oder ein Teich direkt an die befestigte Sitzfläche anschließen.

Zuerst den Sitzplatz anlegen

Die Terrasse am Gartenhaus dient besonders im Sommer als Sitzplatz an der Sonne. Sie lädt zum Ausruhen an der frischen Luft ein, macht

Terrassen und Wege

aber auch das Grillen möglich und bietet sich zum Feiern im Freien an. Die Terrasse gehört deshalb schon unmittelbar nach der Fertigstellung des Gartenhauses zur festen Einrichtung.

Während andere Gestaltungselemente wie Rasenfläche, Teich oder Gemüsebeete später an die Reihe kommen, hat der Terrassenbau am Haus Vorrang. Natürlich können bei einer groß angelegten Gartengestaltungsaktion alle Elemente Schritt für Schritt geschaffen werden. Aber auch dann kommt der Terrassen- und Wegebau zuerst an die Reihe.

Diese Arbeiten erfordern eine gründliche und oft tiefgreifende Vorbereitung. Immerhin müssen dafür Fundamente ausgehoben, das Bett für den Schotter geschaffen oder die Einfassungssteine in Magerbeton gesetzt werden. Das geschieht in der Regel vor den Pflanzarbeiten oder vor der Rasenanlage, zumal sich die Beete und Rasenflächen nach den vorhandenen Baulichkeiten und den befestigten Flächen richten.

Oft gehören auch Treppen, die im Zuge des Terrassen- und Wegebaus entstehen, zur Gartenanlage. Natürlich lassen sich Zweitsitzplätze auch später noch bauen oder in bereits eingewachsene alte Gärten einfügen.

Welche Arbeiten fallen an?
In der Regel ist ein befestigter Sitzplatz am Gartenhaus bei der Über-

Eine luftige Laube aus Metall ist auf einem gepflasterten Boden gut platziert.

Tipp

Bei Gartenschauen oder beim Rundgang durch Gartensiedlungen sind oft Anregungen für die eigene Gestaltung zu finden. Es lohnt sich, vor dem Bau attraktive Terrassen zu begutachten und sich von den Ideen inspirieren zu lassen.

nahme vorhanden. Er muss unter Umständen nur renoviert werden, falls die Platten beschädigt oder marode sind. In einer Neuanlage sind eventuell Pflasterarbeiten zu bewerkstelligen. Wer nicht mit solchen Arbeiten vertraut ist, sollte zunächst eine Fachkraft befragen oder mit den Pflasterarbeiten beauftragen. Weniger wichtige Nebenwege und Zweitsitzplätze können dann wieder im Eigenbau entstehen.

Baustoffe

Zur Befestigung eignen sich Holz- oder Steinbaustoffe. Ein Holzbelag braucht eine tragfähige, aber luftige Unterkonstruktion. Natursteinplatten, Pflasterklinker oder Betonsteine bekommen einen massiven Unterbau aus Schotter, der nach dem Verteilen mit einem Rüttler verdichtet wird. Darauf kommt eine dünne Schicht Splitt, die als Bett für die Pflastersteine dient.

In einer Neuanlage müssen die Wege und Plätze richtig befestigt werden. Den Wegverlauf geben Richtschnüre vor.

Wenn eine Pergola für Kletterpflanzen erwünscht ist, sollten schon beim Pflastern Punktfundamente für die Pfostenanker geschaffen werden. Sie können auch als Halterungen für Sonnensegel oder Markise dienen.

Gartenwege

Während Hauptwege in der Regel kurz und gerade sein sollten, dürfen Nebenwege gern durch den Garten schweifen, insbesondere, wenn es Spazierwege durch die Rosenrabatten, Blumenbeete oder Kräuterpflanzungen sind. Sie dienen dann nicht als Verbindungswege zweier bestimmter Stellen, sondern als Zubringer zu den Sehenswürdigkeiten. Sie sollen zum Schlendern, Schauen und Schnuppern einladen.

Solche Sichtungspfade dürfen natürlich leicht gebaut sein, wuchtige Wege würden stören. Sie brauchen auch keinen besonders tragfähigen Unterbau, sondern müssen nur den Schritten der Gartenbesucher standhalten und bei Gelegenheit das Rad der Schubkarre rollen lassen. Diese Nebenwege brauchen gewöhnlich keine Planung. Meistens entstehen sie von selbst, wenn zum Beispiel in einer Gartenecke ein Turngerät aufgestellt wird oder wenn Kinder im Garten campieren.

Solche Pfade müssen nicht befestigt sein, weil sie nur gelegentlich benutzt werden oder weil sie wieder verschwinden. Wenn aus den Pfaden aber Wege werden, lohnt sich die Befestigung schon, vor allem, wenn sie das ganze Jahr als Zugänge zu dauerhaften Einrichtungen dienen. Wege zum Kompostsilo, zum Gerätehäuschen oder zum Erdkeller sollten jedenfalls jederzeit – also auch im Winter oder bei Nässe – begehbar sein.

Trittplatten im Rasen brauchen keinen Unterbau. Sie werden bündig eingesetzt.

Als Beläge bieten sich alle möglichen Baustoffe an, manchmal auch Abfälle wie etwa Häckselmaterial vom Sträucherschnitt. Wenn die Nebenwege mit Steinen befestigt werden, werden sie selbstverständlich wie die Hauptwege „richtig" angelegt. Vor allem müssen die Steine plan aufliegen. Der Unterbau kann dagegen auch einfach Erde sein, zumal solche Wege nur dem Gartenbetrieb standhalten müssen. Ein Schotterbett ist unnötig.

Wege und Einfassungen
Nebenwege mit *Platten-* oder *Steinbelag* bedürfen keiner Randbefestigung. Die Steine oder Platten werden einfach in das entsprechend tief und breit ausgehobene Bett gelegt. Zum Verfugen eignet sich Erde oder Sand. In den Fugen darf ruhig auch Gras oder Moos aufkommen.

In *Rasengittersteinen* ist ein dichter Bewuchs sogar sehr erwünscht. Diese speziellen Betonsteine für den Gartenbau werden ebenso wie Pflastersteine in ein vorbereitetes Bett gelegt und dann mit Erde verfüllt. Nach dem Einschlämmen der Erde in die Hohlräume wird Gras eingesät. Rasengittersteine eignen sich zum Beispiel gut zur Befestigung von Pfaden auf weichem Humusboden oder für Fahrstreifen.

Während Platten und Steine fast unverrückbar liegen, rieseln lose Beläge wie Sand oder Kies leicht in die anliegenden Beete oder sie werden ausgewaschen. Einfassungen verhindern dies. *Wegeinfassungen* lassen sich aus Betonfertigteilen (zum Beispiel Gehsteigplatten), aus Natursteinen (zum Beispiel Granit) oder aus Pflasterklinker bauen, die hochkantig eingesenkt werden.

Bei *Rindenwegen* machen sich natürlich auch Holzbalken oder Bohlen gut. Sie müssen jedoch nach einigen Jahren ersetzt werden, wenn sie morsch sind.

Gewöhnlich sitzen die Einfassungssteine ausreichend fest in der Erde. Falls nötig, bei befahrbaren Wegen zum Beispiel, kann man sie aber auch in Magerbeton setzen. Die beidseitigen Einfassungen geben bereits beim Bau den Verlauf und die Breite des Weges vor. Danach wird nur noch der Belag in das ausgekofferte Bett geschüttet. Die Aushuberde verteilt man im Garten.

Wegbeläge
Ein schönes, festes und billiges Material ist *Schotter.* Dieser Naturbaustoff aus gebrochenem Kalk, Granit oder einem anderen Gestein wird in großen Mengen beim Straßenbau verwendet. Für Gartenwege eignet sich ein feinerer Schotter besser, der beim Baustoffhandel zu bekommen ist. Er wird nach dem Einfüllen und Verteilen gerüttelt, dann verkeilen sich die kleinen Steinchen zu einer festen Schicht. Ähnlich wie Schotter lässt sich *Rollkies* als Wegebelag nutzen. Die runden Kieselsteine verkeilen sich zwar nicht, dennoch fügt die Rüttelplatte sie dicht zusammen. Ein Rollkiesbelag hat im Vergleich zum Schotterbelag den Vorteil, dass das Regenwasser rasch abzieht. Ein Schotterbelag wird bei Nässe leicht schmierig.

Für Gehwege, die das ganz Jahr über fast täglich benutzt werden, ist ein Schotterweg weniger empfehlenswert, weil die Steinchen bei Nässe an den Schuhen kleben bleiben. Hier passt beispielsweise ein *Rindenbelag* besser. Obwohl natürlich auch die Rinde Wasser aufsaugt, wird sie nicht klebrig und ist jederzeit gut begehbar. Eine dicke Rindendecke ist im Übrigen weich wie Waldboden und sehr angenehm. Das holzige Material vererdet allerdings mit der Zeit und muss immer wieder aufgefrischt werden. Rinde bekommt man beim Forstamt oder – weniger günstig – als sogenannten Rindenmulch im Gartencenter. Statt der Rinde kann man ebenso gehäckseltes Holz nehmen.

Wer auf Naturpfaden durch den Garten gehen möchte, kommt auch auf einem *Rasenweg* gut voran. Ein Rasenweg ist nichts anderes als ein schmaler, kurz gemähter Streifen durch die Rasen- oder Wiesenfläche. Der „Belag" ist recht strapazierfähig und erholt sich immer wieder von den Tritten. Er muss jedoch mindestens einmal in der Woche gemäht werden. Ein Rasenweg ist gut als Nebenweg etwa zum Gartenteich oder zum Sitzplatz im Grünen geeignet. Andernorts wird er leicht überstrapaziert. Ein ausgetretener Rasenweg lässt sich aber auch nachträglich mit einzelnen Trittplatten auslegen oder völlig neu befestigen.

Im Gemüsegarten haben sich *Trittsteige* aus Holzlatten bewährt. Sie sind schnell zusammengebaut und ausgelegt und man kann jederzeit trockenen Fußes das Gemüse ernten. Sie sind aber auch schnell wieder weggeräumt, wenn die Saison vorbei ist. So kann der Boden ohne Hindernis umgegraben werden. Andere Holzwege sind weniger empfehlenswert, weil sie schnell verrotten oder morsch werden – Rindenwege ausgenommen.

Terrassen und Wege | 47

Rasenpflaster versiegeln den Boden nicht. In den begrünten Fugen kann das Regenwasser absickern.

Hecken, Mauern, Zäune

Grundstückseinfriedungen schützen und schirmen ab. Sie können aber auch dekorative Gestaltungselemente sein, wenn sie zum Gartenhaus und zur Anlage passen.

In vielen Gartensiedlungen ist die Art der Grundstückseinfriedung vorgeschrieben, sodass die Gestaltungsmöglichkeiten eingeschränkt sind. In der Regel ist eine Höhe von 125 cm einzuhalten und der Zauntyp ist den bereits vorhandenen Zäunen oder den Vorschriften anzupassen. Erkundigen Sie sich deshalb beim Vor-

Schmale Trockenmauern entstehen aus handbehauenen Natursteinen.

Holzzäune sind in vielen Ausführungen zu bekommen. Die farbliche Gestaltung ist beliebig.

stand, bevor Sie eine Mauer bauen, einen Zaun erstellen oder eine Hecke pflanzen und vermeiden Sie so unnötige Schwierigkeiten. Bei festen Regelungen stellt sich die Frage des Zauntyps nicht, zumal es nur wenige Möglichkeiten gibt. Ohne derartige Vorgaben können Sie, bei Beachtung der Grenzabstände und falls nötig mit der Zustimmung der Nachbarn, eigne Gestaltungsideen umsetzen.

Kosten

Der Preis für die Grundstücksbefestigung ist natürlich ein entscheidendes Kriterium, vor allem bei großen Flächen beziehungsweise bei langen Strecken. Eventuell lässt sich das Gartengrundstück mit einem einfachen Drahtzaun einfassen, während zum Hauptweg ein schöner Sichtzaun gebaut wird. Unter Umständen beteiligen sich die Nachbarn beim Zaunbau und natürlich auch an den Kosten. Falls nötig, wartet man mit dem Bau, wenn die Kosten für einen bestimmten Typ zur Zeit – etwa nach der Gartenübernahme und Bezahlung der Ablösesumme – noch zu hoch sind. Als Zwischenlösung bietet sich die Wahl eines billigen Zauns an oder man pflanzt zunächst eine Hecke als Einfassung und baut den gewünschten Zaun oder die Mauer erst später.

Fundament
Mauern und Zäune müssen tief gründen. Mauern – ausgenommen Trockenmauern – brauchen ein frostsicheres, also etwa 80 cm tiefes Fundament, andernfalls kann der Frost sie drücken und Risse verursachen.

Gleiches gilt für ein Zaunfundament. Bei einem Zaun ohne Fundament muss jeder Pfosten fest im Boden verankert sein. Entweder man schafft dazu einzelne tiefe Punktfundamente aus Beton oder man senkt jeden Pfosten tief genug in den Boden ein. Holzpfosten sind vorher zu imprägnieren, beispielsweise mit Bitumen.

Mauern

Eine Gartenmauer ist die massivste Art der Einfriedung, deren Errich-

tung auch den höchsten Aufwand erfordert. Wo eine Mauer passt, insbesondere an einer lärmenden Straße, ist sie anderen Zauntypen überlegen, weil sie Schall dämmt und Sichtschutz gibt. Je mächtiger eine Mauer ist, umso besser wirkt sie natürlich. Aber auch schmale Mauern dämmen gut, wenn sie beispielsweise aus Kalksandstein oder einem anderen Material mit hoher Dichte wie Beton gebaut sind, der in eine vorgefertigte Schalung gegossen oder aus Betonfertigteilen erstellt wird. Weiße oder zum Gartenhaus passende Farben oder Kletterpflanzen machen jede Mauer zu einer schmucken Grundstückseinfriedung. Ein Dach aus Ziegeln oder Blech schützt sie vor Wasser und Frostrissen.

Schwierig zu bauen, aber sehr dekorativ, sind Mauern aus Naturstein. Es erfordert sehr viel Zeit und Mühe, die handbehauenen Steine zu drehen und zu wenden, bis sie richtig liegen und einen festen Verband bilden. Die Steine müssen frostsicher sein.

Einfacher lassen sich gebrannte Ziegel zu einer Mauer aufschichten. Da sie nicht frostfest sind, müssen sie verputzt werden. Besonders geeignet sind spezielle Klinker, die bei sehr hohen Temperaturen gebrannt werden und deshalb frostsicher sind. Eine Klinkerwand braucht weder Putz noch Farbe und ist immer ansehnlich. Der Bau einer Mauer muss in jedem Fall genehmigt werden.

In den Fugen dieser Trockenmauer wachsen Polsterstauden.

Eine Formschnitthecke schirmt blickdicht ab. Sie braucht den regelmäßigen Schnitt.

Trockenmauer
Ein besonderer Mauertyp aus Natursteinen, der statt mit Zementmörtel mit Erde gebaut wird, ist eine Trockenmauer. Sie lässt sich nur verwirklichen, wo genügend Platz ist,

Zäune eignen sich als Kletterhilfen für Wicken und andere Kletterpflanzen.

Hecken, Mauern, Zäune

Naturbelassene Holzzäune verwittern mit der Zeit. Ungestrichen bekommt Lärchenholz eine silbrige Patina.

zumal sie aus statischen Gründen an der Basis ziemlich breit und nach oben schmaler aufgeschichtet werden muss. Der Erdkern zwischen den beiden Flanken aus Steinen ist ideal zur Dämmung und er bietet Pflanzen Wurzelraum. Zur Bepflanzung bieten sich vor allem Polsterstauden an, die den Steinwall stabilisieren und begrünen.

Holzzäune

Zäune aus Staketen, Latten, Brettern und anderen Hölzern sind die gebräuchlichsten Grundstückseinfassungen. Der Handel bietet ein umfangreiches Sortiment der verschiedensten Typen, vom Jägerzaun bis zum rustikalen Bauerngartenzaun. Holzzäune sind einfach zu bauen und preiswert, besonders Zäune aus eigenem Holz oder aus Holzstangen, die günstig vom Forstamt zu bekommen sind.

Sie brauchen jedoch eine Imprägnierung, weil sie sonst verrotten. Vor allem die Pfosten müssen vor Fäulnis geschützt werden. Man kann sie auch auf Punktfundamente aus Beton oder sogenannte Pfostenanker aus verzinktem Metall stellen.

Recht haltbar sind Zäune aus kesseldruckimprägniertem Holz. Zäune aus unbehandeltem Holz müssen regelmäßig gestrichen werden, wenn sie nicht aus witterungsbeständigem Holz, zum Beispiel von Robinien oder Zedern, bestehen. Im Vergleich zu Mauern sind Holzzäune nicht sehr langlebig. Selbst Palisaden aus imprägnierten Eisenbahnschwellen verwittern und faulen mit der Zeit.

Paravents und Sichtschutzwände

Wo schnell ein hoher Sichtschutz erwünscht ist, beispielsweise an der Terrasse oder zum Abschirmen ei-

Einen schnellen Sichtschutz bieten fertige Zaunelemente, die auf Pfostenanker montiert werden.

Aufwendiger ist die Gestaltung selbstgemachter Weidenflechtzäune. Dafür ist im Winter Zeit.

Hecken, Mauern, Zäune | 55

Einjährige Schlinger, wie die Prunkwinde, bilden bis zum Sommer meterlange blühende Triebe.

ner Sitzgruppe an einem Zweitsitzplatz, bieten sich Holzlamellenwände an, die in Baumärkten erhältlich sind. Diese hohen Elemente lassen sich einfach aufstellen, beispielsweise auf Metallwinkel schrauben oder an vorhandene Zäune montieren, und beliebig erweitern. Sie eignen sich auch sehr gut als Spaliere für Kletterpflanzen.

Maschendrahtzaun

Die einfachste und billigste Eingrenzung ist handelsüblicher Maschendraht. Dieses kunststoffummantelte oder verzinkte Geflecht von der Rolle ist in verschiedenen Höhen bei Zaunbaufirmen oder Baumärkten erhältlich. Weiterhin sind Spanndrähte und die dazugehörigen Spanner nötig sowie die Zaunpfähle. Man kann auch ein festes Betonfundament mit Betonpfosten dafür bauen.

Ein Maschendrahtzaun ist schnell aufgestellt, wenn die Pfosten gesetzt sind beziehungsweise das Streifenfundament gebaut ist. Mit Kletterpflanzen lässt sich dieser einfache Zauntyp dekorativ gestalten.

Thujen haben sich für dichte immergrüne Hecken bewährt. Sie sind ungewöhnlich schnittverträglich und beliebig form-

bar. So kann man sie wunderbar an den eigenen Geschmack und Bedarf anpassen.

Hecken

Hecken sind Pflanzstreifen aus sommergrünen oder/und immergrünen Gehölzen, die entweder frei, also strauchförmig breit wachsen oder streng formiert werden – je nach verfügbarem Platz und Zeit zur Pflege. Wildstrauchhecken, Blütenhecken und dergleichen brauchen wenig Pflege, aber reichlich Raum zum Ausbreiten. Sie sind dicht und abwechslungsreich, wenn verschiedene Arten entsprechend arrangiert werden. Formschnitthecken aus Berberitzen, Liguster oder Scheinzypressen lassen sich schmal wie Mauern halten. Sie brauchen jedoch mindestens einmal jährlich einen Schnitt, ausgenommen streng säulenförmige Pflanzen wie etwa Säulenthujen.

Sowohl Wildstrauch- als auch Formschnitthecken sind ökologisch wertvoller als Mauern oder Zäune, weil sie Vögeln und Insekten Schutz, Nistplätze und Futter bieten. Überdies bremsen sie Stürme und verbessern das Kleinklima. Gut gepflegte Hecken können je nach Art der Gehölze sehr alt werden, jedenfalls älter als beispielsweise Holzzäune.

Die Auswahl ist vom Standort abhängig. Es gibt ein umfangreiches Sortiment verschiedenster Gehölze, die sich für freiwachsende oder streng geschnittene Hecken empfehlen. Jedes Gartencenter hat ein Sortiment auf Vorrat. In der Regel gibt es auch für die Auswahl und

Selbst Obstbäume lassen sich als Hecken ziehen. Apfelspaliere blühen im Frühjahr und fruchten im Herbst.

Reiche Gemüseernten gibt es von einem Bohnenspalier. Die einjährigen Pflanzen winden sich an den Stangen nach oben.

Pflanzung von Hecken Vorschriften, die einzuhalten sind.

Kombinationen

Natürlich lassen sich verschiedene Einfriedungsarten stellenweise rund um das Grundstück verbinden oder auch miteinander kombinieren. So passt etwa eine dichte Hecke als Windschutz an die Nordseite, während eine Mauer zu einer Straße hin abschirmt, angrenzende Nachbarparzellen aber nur mit einem leichten Zaun optisch abgetrennt werden. Verschiedene Zauntypen bieten sich auch innerhalb des eigenen Geländes zur Gliederung an; beispielsweise eine kleine, dichte Hecke als Einfassung des Gemüsegartens oder ein freistehendes Spalier zur Abschirmung eines Sitzplatzes vom übrigen Garten. Ebenso lassen sich zwei oder mehrere Einfassungsarten gut nebeneinander kombinieren. Ein Drahtzaun wird beispielsweise durch Kletterpflanzen bunter und durch eine beigepflanzte Hecke wirklich blickdicht.

Spielmöglichkeiten für Kinder

Gewöhnliche Gartenparzellen bieten wenig Raum zum Spielen. Besonders wenn Gemüse angebaut und empfindliche Zierpflanzen kultiviert werden, kommen spielende Kinder den Pflanzen leicht ins Gehege – Ballspiele scheiden hier aus. Dennoch sollen Kinder natürlich nicht zu kurz kommen und ihren Spaß im Garten haben.

In vielen Gartensiedlungen gehört deshalb ein gemeinschaftlicher Spielplatz zur Anlage. Er liegt meistens zentral und überschaubar, sodass die Kinder gut aufgehoben sind. Wer bei Kindern die Freude an der Natur fördern will, sollte auf ständige Verbote oder Zwang zur Arbeit verzichten. Gerade ein Schrebergarten kann einen guten Anschauungsunterricht geben, denn hier werden ökologische Zusammenhänge täglich sichtbar. Bienen führen „live" vor, wie die Blüten bestäubt und be-

Die Pflanzung von Bäumen und Sträuchern bietet Kindern eine gute Gelegenheit zur Mithilfe.

Spielmöglichkeiten für Kinder | 61

Für ein Bohnenzelt genügen an einen Baumpfahl gespannte Schnüre.

Die Keimung erfolgt bei warmem Wetter kurz nach der Aussaat.

fruchtet werden. Marienkäfer zeigen, dass auch ohne Spritzmittel Pflanzenschutz möglich ist. Regenwürmer geben Einblick in die Kreisläufe der Natur, denn sie verwandeln Abfälle in wertvolle Erde.

Ein eigenes kleines Stück Garten, das die Kinder unter Anleitung selbst bewirtschaften, kann zur Schulung beitragen. Es fördert auch das Verantwortungsgefühl und regt zur Pflege und Versorgung der Pflanzen an.

Einfache Geräte

Für den Anfang genügen einfache Spielgeräte, die leicht zu beschaffen sind. Eine Schaukel lässt sich aus einem Brett und zwei Stricken basteln. Zur Befestigung dient ein starker Ast oder ein Balken an der Gartenhütte. Ebenso einfach ist die Herstellung einer Wippe aus einem starken Brett, das auf einen Baumstumpf oder einen passenden Sockel aufgelegt wird.

Wer Zeit und handwerkliches Geschick hat, kann diese und andere Spielgeräte mit mehr Aufwand und ausgewählten Baustoffen gestalten. Die Kinder danken es durch häufiges Benutzen. Sie liefern auch Ideen und Anregungen für Eigenkonstruktionen. Bauanleitungen für Spielgeräte, die zum Nachbau anregen, sind oft in Heimwerkerzeitschriften zu finden.

Im Sommer ist das Bohnenzelt dicht. Nebenbei blühen und fruchten die Pflanzen. Doch Achtung: Rohe Bohnen sind giftig!

Eine stabile Wippe lässt sich aus massiven Balken bauen. Autoreifen dienen als Stoßdämpfer.

Häufig genügen auch Einschlagbodenhülsen aus Metall oder sogenannte Schraubfundamente.

Sandkasten

Zeitlos und stets beliebt ist und bleibt der Sandkasten. Hier finden kleine und große Kinder ein Betätigungsfeld. Mit den geeigneten Hilfsmitteln lassen sich Sandkuchen backen, Gruben graben oder Burgen bauen. Den Baustoff gibt es in einer Sandgrube oder er wird angeliefert. Es lohnt sich, ihn gemeinsam mit anderen Gartenpächtern zu bestellen, denn Sand wird auch zur Bodenverbesserung, für Erdmischungen oder für Bauarbeiten gebraucht. Bleibt bei Bauarbeiten ein Rest übrig, kann er als Spielsand genutzt werden. Gelegentlich sollte der Sand erneuert werden. Der alte Sand eignet sich beispielsweise zur Bodenlockerung oder zur Durchmischung und Belüftung des Kompostmaterials.

Ein frischer Sandhaufen bleibt nie lange ungenutzt liegen. Kinderspu-

Auch der Handel bietet preiswerte Spielgeräte aus Metall oder Kunststoff an. Diese Kombinationen lassen sich leicht transportieren und einfach aufbauen. Sie sind stabil, sicher und wetterfest. Zur Verankerung genügen einfache Punktfundamente, die aus Beton gegossen werden. Nach dem Härten gewähren sie die nötige Kippsicherheit.

Gefahrenquelle Wasser

Wasser wirkt auf Kleinkinder wie ein Magnet. Vorhandene Wasserstellen, die gefährlich werden können, brauchen deshalb unbedingt eine ausreichende Sicherung. Ein kleiner vorhandener Teich lässt sich leicht vorübergehend in einen Sandkasten umgestalten.

Dieser Betonteich wurde zum Sandkasten umfunktioniert. Das ist auch mit einem Kunststoffbecken möglich.

ren weisen oft schon nach dem Abkippen auf reges Interesse an dem feinkörnigen Material hin – allerdings räumen sie den Haufen auch gern auseinander. Der Sandhaufen im Garten sollte deshalb einen festen Rahmen bekommen. Dieser kann aus festen Holzbohlen bestehen, die zusammengenagelt oder verschraubt werden.

Gartengeräte für Kinder

Wenn es die Großen richtig vormachen, greifen auch die Kleinen zu den Gartengeräten und helfen flei-

Beim Kauf von Gartengeräten für Kinder ist zum Schutz der Kinder auf Gütesiegel zu achten.

Viele Geräte sind auch im Format für kleine Helfer erhältlich.

ßig mit. Obwohl die echten Werkzeuge natürlich am liebsten genommen werden, kommen sie mit speziellen Kindergeräten besser zurecht. Die Anschaffung eines Sortiments erleichtert ihnen jedenfalls das Gärtnern. Dazu gehören neben einer Kinderschubkarre ein Spaten, ein Rechen, eine Schaufel, ein Besen und eine Gießkanne. Je nach Bedarf und Freude an der Gartenarbeit lässt sich diese Grundausstattung nach und nach erweitern.

Das Kinderbeet

Jeder kleine Gärtner braucht natürlich auch sein eigenes Terrain. Das sollte zunächst nicht zu groß sein. Wenn das Beet richtig gepflegt wird, kann immer noch ein Stück dazu kommen. Für die Aussaat bieten sich besonders schnellkeimende und starkwüchsige Pflanzen an, wie etwa Bohnen, Kürbisse oder Radieschen, die den Erfolg der Arbeit bald erkennen lassen. Recht beliebt sind außerdem Erdbeeren, die fast allen Kindern schmecken und keine besondere Pflege brauchen.

Kürbisse reifen schnell zu großen Früchten heran – ideal für das Kinderbeet.

Giftige Beeren

Achten Sie auf Gehölze mit giftigen Beeren, wenn Kleinkinder im Garten spielen! Keinesfalls sollten sie Früchte der Eibe (*Taxus*-Arten), von Liguster (*Ligustrum vulgare*), Geißblatt (*Lonicera*-Arten), Kirschlorbeer (*Prunus laurocerasus*), Pfaffenhütchen (*Euonymus europaeus*) und anderen giftigen Pflanzen in den Mund nehmen. Falls nötig, werden die Früchte entfernt oder die Gehölze abgeschirmt. Klären Sie verständige Kinder unbedingt rechtzeitig über Gefahren durch giftige Früchte auf oder – noch besser – verzichten Sie ganz auf deren Anpflanzung.

Die Kräuterschnecke – dekorativ und nützlich

Eine Kräuterschnecke oder Kräuterspirale ist im Prinzip eine Trockenmauer in runder Form. Sie wird mehr oder weniger streng aufgebaut und mit ausgewählten Kräutern bepflanzt. Dazu dienen vorzugsweise mehrjährige Arten, die zunehmend üppigere Büsche als Zierde oder auch zum Ernten entwickeln.

Als Baumaterial für dieses ungewöhnliche Kräuterbeet wurden Pflastersteine aus Granit verwendet.

Die Kräuterschnecke – dekorativ und nützlich

Diese üppig bewachsene Kräuterspirale liefert im Sommer eine reiche Ernte. Hier wachsen die verschiedensten Kräuter, die für den Winter getrocknet oder eingefroren werden.

So können gehölzartige Kräuter wie Salbei, Lavendel, Ysop und Thymian sowie staudenartige wie Pfefferminze, Zitronenmelisse und Wermut den besonderen Kräutergarten in wenigen Jahren überwuchern. Je nach Bedarf stehen den Sommer hindurch stets frische Triebe für die Ernte bereit. Den Pflanzen schadet das Abpflücken nicht. Sie werden dadurch sogar zur Verzweigung und buschigem Wuchs angeregt.

Kräuterstrecke statt Kräuterschnecke

Ein Steingarten für Kräuter lässt sich auch in Form einer geraden Trockenmauer anlegen. Besonders günstig liegt so eine „Kräuterstrecke" an einer südseitigen Böschung. Sie kann dann zugleich zur Abstützung oder Terrassierung dienen und zahlreiche verschiedene Kräuterpflanzen aufnehmen.

Tipp

Das Baumaterial für eine Kräuterschnecke können Sie im Baumarkt kaufen, aber oft wird man auch wesentlich preiswerter in der Umgebung fündig. Gut geeignet sind beispielsweise große Feldsteine oder Steinbrocken, die an Feldrändern liegen oder im Garten bei Erdarbeiten anfallen. In Steinbrüchen oder Schotterwerken in der Region sind Bruchsteine meist recht billig zu bekommen. Doch auch mit Ziegeln, Granitsteinen oder Pflastersteinen ist der Aufbau zu bewerkstelligen.
Für die Kräuter macht das keinen Unterschied – sie gedeihen in den Fugen aller möglichen Steinarten. Sie brauchen nur die nötige Erde zum Anwachsen und Einwurzeln.

Bau einer Kräuterschnecke

1 Nach dem Festlegen der Größe beginnt der Aufbau mit dem Setzen der ersten Steine.

2 Damit die Steinreihe die nötige Steigung bekommt, wird mit Erde aufgefüllt.

3 Durch das Auffüllen mit Erde und das spiralförmige Setzen der Steine erhält die Schnecke ihre Form.

4 Bei großen Bruchsteinen ist die Kräuterschnecke zwangsläufig größer als bei kleinen Formsteinen.

Die Kräuterschnecke – dekorativ und nützlich

Bau einer Kräuterschnecke

5 Zu beachten ist, dass ausreichende Pflanzflächen zustande kommen.

6 Die vorkultivierten Kräuter werden auf ihre Plätze gesetzt. Die Abstände richten sich nach der Wuchsform.

7 Nach dem Pflanzen wird eingeschlämmt, damit die Wurzeln einen guten Bodenkontakt haben.

8 Schon wenige Wochen nach der Pflanzung im Frühjahr bilden die Kräuter schöne Büsche.

Für die Bepflanzung einer Kräuterschnecke gibt es keine strengen Regeln. Bewährt haben sich Salbei, Thymian, Schnitt-

Die Kräuterschnecke – dekorativ und nützlich

lauch, Zitronenmelisse, Minze, Dill, Estragon und andere Arten.

Das Hochbeet

Gemüse und Zierpflanzen lassen sich sowohl ebenerdig als auch in Hochbeeten kultivieren. Solche Kästen lassen sich aus verschiedenen Baustoffen in beliebigen Größen und Formen konstruieren und erleichtern die Pflege.

Hochbeete lassen sich aus Ziegeln aufmauern, aus Natursteinen aufschichten, aus Balken bauen oder aus Brettern zimmern. Am einfachsten entstehen Hochbeete aus Betonringen, die in verschiedenen Größen vom Baustoffhandel zu bekommen sind. Die grauen Ringe, die sonst zum Brunnenbau dienen, sind völlig verrottungsfest. Sie nehmen sehr viel Erdsubstrat auf und bieten vielen Gemüse- und Zierpflanzen Raum

Kästen aus massiven Holzbohlen sind stabil und lange haltbar.

Schwieriger ist das Mauern mit Granitsteinen. Solche Tröge sind besonders dauerhaft.

und gute Wachstumsbedingungen. Wer den grauen Beton nicht mag, kann die Ringe weißen oder in anderen Farben gestalten. Dazu eignen sich auch Fassadenfarben, sodass die runden Hochbeete aus Beton denselben Anstrich erhalten können wie das Gartenhaus.

Gute Wachstumsgrundlage

Ein Hochbeet bietet ideale Wachstumsbedingungen für Gemüse, außerdem kann es mit hochwertiger Gartenerde befüllt werden. Dazu eignet sich zum Beispiel eine Mischung aus lehmigem Sand oder sandigem Lehm (je nach Bodenbeschaffenheit und Verfügbarkeit) und Kompost. Zum Mischen des Substrats kann beispielsweise die Aushuberde nützlich sein, die beim Ausgraben von Streifenfundamenten oder anderen Gartenprojekten anfällt. Größere Mengen Kompost sind bei Bedarf in einer Kompostieranlage zu bekommen. Allerdings ist besonders beim Gemüseanbau auf gute Qualität zu achten.

Anlage und Befüllung

Eine günstige Zeit zum Bauen eines oder mehrerer Hochbeete ist der Beginn der Gartensaison im Frühjahr, vor allem wenn die Befüllung nach Art eines Hügelbeetes erfolgt. Dann können die Zweige vom Win-

Selbst verzinkter Stahl oder andere Metalle können für den Hochbeetbau genutzt werden.

terschnitt der Gehölze nach dem Zerkleinern als luftige Bodenschicht genutzt werden. Darauf kommt eine Schicht aus verrottetem Stallmist, die gut festgetreten wird. Zum Auffüllen bis ca. 20 cm unter dem Rand eignet sich gute Gartenerde. Den Kompost für die oberste Schicht gibt es aus eigener Produktion oder vom Kompostwerk. Nach dem Auffüllen steht das Beet schon zum Bepflanzen bereit. Vliese oder Folienzelte schützen je nach Wetterlage vor Spätfrösten.

Holzkästen

Statt der Betonringe können auch andere Baustoffe zur Herstellung genutzt werden. Bei Holzkästen können die Wände innen eine Isolierung aus Teichfolie oder Mauerschutzbahnen erhalten. Das schützt sie vor Feuchtigkeit und verzögert die Verrottung. Der Boden muss natürlich frei bleiben. Der Bau eines Holzkastens ist mit wenigen Mitteln möglich. Dazu eignen sich beispielsweise Bohlen, die zu einem festen Kasten zusammengebaut werden. Das können unbehandelte Bretter

Das Hochbeet

oder Balken sein, die nach der Verrottung ersetzt werden oder auch kesseldruckimprägnierte Holzbauteile, die länger haltbar sind. Bewährt haben sich wetterfeste Bretter und Kanthölzer aus Lärchen- oder Douglasienholz. Die Holzbohlen sollten ausreichend dick sein, damit sich der Holzkasten beim Befüllen mit Erde nicht verformt. Kanthölzer an den Ecken machen die Verschraubung möglich und stabilisieren den Kasten. Solche Kästen lassen sich beliebig aufstocken, wenn eine bequemere Arbeitshöhe gewünscht wird. Die Größe des Kastens richtet sich unter anderem nach der Beetfläche. Zunächst genügt ein kleines Hochbeet für den Versuchsanbau von Gemüse, das in einer Gartenecke genügend Platz hat. Die Anbaufläche kann später immer noch durch zusätzliche Kästen erweitert werden. Dazwischen sind ausreichende Abstände einzuhalten, damit gut begehbare Wege entstehen.

Aufwand

Der Aufwand für den Aufbau und das Befüllen eines Hochbeets ist recht groß. Er lohnt sich aber langfristig, zumal die Pflege leichter fällt und in angenehmer Höhe erledigt werden kann.

Besonders wichtig ist eine ausreichende Wasserversorgung: Ein Hochbeet trocknet im Sommer sehr viel leichter aus als ein ebenerdiges Beet im Garten!

Große Kästen nehmen eine Menge Substrat auf. Dementsprechend fallen die Erträge aus.

Beeteinfassungen

Die einfachste Art ein Beet einzufassen ist das Kantenstechen mit dem Spaten. Allerdings muss die Rasenkante immer wieder erneuert werden. Eine feste Beeteinfassung aus Steinen, Holz oder Zwerggehölzen hält wuchernde Pflanzen dagegen stets in Zaum.

Pflanzflächen dauerhaft eingrenzen

Der Handel bietet eine Reihe wirksamer Beeteinfassungen aus verschiedenen Materialien an, von Natursteinen bis hin zu Kunststoff. Zu empfehlen sind Natur- und Betonsteine, imprägnierte Bretter, Rundhölzer, senkrecht eingeschlagene Palisaden oder niedrige Hecken, um die Beete dauerhaft einzugrenzen. Verwendet wird, was gefällt und funktionell ist. Unterirdische Wurzelausläufer des Sanddorns bei-

Tagetes fassen dieses Beet schmuckvoll ein und halten zudem Schnecken ab.

Beeteinfassungen

Wer noch Reste vom Pflasterbau im Garten übrig hat, kann diese für Beeteinfassungen nutzen. Hier werden sie auf einen Betonkeil gesetzt.

spielsweise werden nur von tiefen lückenlosen Platten zurückgehalten. Dazu bieten sich Betonfertigteile an, die in den Boden eingesenkt werden. Wucherndes Gras ist schon mit flachen Kantensteinen wirksam von den Blumenbeeten fernzuhalten. Je nach Einsatzgebiet wählt man die richtige Beeteinfassung.

Natursteine, Ziegel und Beton

Viele Natur- und Kunststeineinfassungen sind preiswert und besonders dauerhaft.

Aus Steinen lassen sich dekorative und wirkungsvolle Einfassungen gestalten. So kann man zum Beispiel auch Streifen aus quadratischen Pflastersteinen zwischen Wege und Pflanzflächen setzen, ebene Beete mit fertig behauenen Bordsteinen aus Granit dauerhaft einfassen oder Beete am Hang mit hohen Winkelsteinen aus Beton vor Erosion schützen.

Folientunnel, Gewächshaus, Frühbeet

Gärtnern unter Glas ist eine beliebte und erfolgreiche Methode, um empfindliche Pflanzen zu schützen oder ihren Anbau auch außerhalb der eigentlichen Saison erst zu ermöglichen.

Folientunnel und -zelte sind besonders im Frühjahr wirksam.

Folientunnel, Gewächshaus, Frühbeet

Ein Regenschutzhaus bewahrt die Tomaten vor nassen Blättern und bietet einen gewissen Schutz vor der Krautfäule.

Glashäuser und Folienzelte lassen das Sonnenlicht durch, speichern die Wärme und schützen gleichzeitig vor Wind und Regen. Entscheidungskriterien für die eine oder andere Variante sind die geplante Nutzung, der zur Verfügung stehende Platz und natürlich auch die Kosten.

Folienzelt/-tunnel

Ein Zelt oder Tunnel aus Folie ist der einfachste Gewächshaustyp, sehr effektiv und zugleich sehr flexibel in der Anwendung. Hierbei werden Gemüse wie Salat, Spinat oder Kohlrabi mit einer Konstruktion aus Drahtbügeln (oder Holzrahmen) und Folie (oder Faservlies) abgedeckt, um die Erntezeit vorzuziehen oder zu verlängern. Ein Folienzelt oder -tunnel lässt sich schnell aufbauen und ist jederzeit leicht zu versetzen, wenn zum Beispiel ein Beet abgeerntet ist.

Im Fachhandel sind auch Bausätze für Folientunnel erhältlich. Gute Eigenkonstruktionen sind genauso wirkungsvoll.

Folientunnel, Gewächshaus, Frühbeet | 81

Neben den speziellen Gartenfolien haben sich Produkte aus Acrylfaservlies bewährt.

Wenn Sie eine gute Konstruktion aus stabilen Metallbügeln oder Holzlatten und spezieller, UV-Licht-stabiler Gartenfolie errichten, empfehlenswert ist beispielsweise Gewächshausfolie aus Polyäthylen mit 0,20 mm Stärke, wird sie länger als drei Jahre halten. Bei einem Folienzelt, das als Beetabdeckung dient, können Sie statt Metallbügeln auch gewöhnliche Dachlatten nehmen.

Gewächshaus

„Klassische" Gewächshäuser mit Satteldach sind in vielen Größen und Ausführungen im Handel erhältlich. Sie lassen sich aus Holz- oder Metallrahmen mit Glas oder Folieneindeckung, aber auch in Eigenregie errichten. Wie bei jedem Haus muss auch hier die Statik stimmen, vor allem der Rahmen muss tragfähig und sturmsicher sein: Hat das Gewächshaus eine Glaseindeckung, muss die Konstruktion als großflächiger Windfang auch zentnerschwere Lasten tragen können.

Die Rahmenteile oder Profile dürfen keine zu großen Strecken überspannen und müssen ausgesteift sein, bei einer Holzkonstruktion durch Eckstreben.

Folientunnel, Gewächshaus, Frühbeet | 83

Anders als Vliese und Folien gehören Gewächshäuser zur Dauereinrichtung im Garten. Die Gebäude sind nicht in jeder Siedlung zugelassen.

Belastbare Metallprofile oder Holzbalken mit ausreichender Stärke sorgen für eine ausreichend stabile Konstruktion. Weiterhin sollte das Glashaus fest auf einem Betonfundament verankert werden. Streifen- oder Punktfundamente, die mit Betonstürzen (Fensterstürze vom Baustoffhandel) überbrückt werden und etwa 70 cm tief gründen, sorgen für einen sicheren Stand.

Gut festgedübelt mit 10-mm-Dübeln und den dazu passenden Schrauben sollte Ihr Gewächshaus für jeden Sturm gewappnet sein.

Auch die Neigung und Statik des Daches sind zu beachten: Das Satteldach muss steil genug sein, damit das Regenwasser gut abläuft, aber auch belastbar, damit es den Schneedruck aushalten kann. Die Scheiben handelsüblicher Glashäuser haben eine Dicke von mindestens 3 mm und eine Dachneigung im Winkel von 30 Grad.

Statik, Verankerung und Fundament müssen bei jedem Glashaustyp stimmen. Entscheidet man sich für ein vorgefertigtes Häuschen aus dem Baumarkt, können problemlos mehrere in Form von Reihenhäusern zusammengestellt werden.

Anlehngewächshaus mit Pultdach

Eine Sonderform des Gewächshauses ist das Anlehngewächshaus mit Pultdach. Als ideale Sonnenfalle steht es am besten an einer Südwand, damit es nach Norden hin abgeschirmt ist. Das Pultdach kann bis zum Boden reichen oder wie beim Satteldach auf senkrechte Wände aufgesetzt werden. Für die farbliche Gestaltung der Rückwand gibt es zwei Möglichkeiten: Soll sie das Son-

Die Frühjahrssonne kann schon ganz schön aufheizen. Dann sind eine gute Lüftung und wirksame Schattierung nötig.

Folientunnel, Gewächshaus, Frühbeet

Für niedrige Kulturen wie Salat, Buschbohnen und andere Arten ist ein Folientunnel oder Vlieszelt ausreichend.

nenlicht reflektieren, wird sie vorzugsweise weiß gestrichen. Um die Sonnenstrahlung zu sammeln und die Wärme langsam in den Raum abzugeben, sollte sie dunkel gestrichen werden.

Folienhaus

Ein Folienhaus kann mit Satteldach, Pultdach oder als Pavillon gebaut sein. Im Unterschied zum Glasgewächshaus ist es mit spezieller UV-Licht-stabiler Gartenfolie bespannt anstatt mit Glas gedeckt. Da der Rahmen wesentlich weniger Gewicht zu tragen hat, kann er leichter gebaut sein, doch die Sturmsicherheit muss in jedem Fall gewährleistet sein. Auch bei dieser Form ist eine gute Verankerung im Boden wichtig, hier kommen zum Beispiel Spreizanker aus Metall infrage. Im Handel sind

> *Tipp*
>
> Auch aus alten Fenstern lässt sich ein großes und stabiles Glashaus nahezu kostenlos aufstellen. Etwas zeitaufwendig kann sich lediglich die Beschaffung und richtige Zusammenstellung der Fenster gestalten. Grundsätzlich lohnt sich jedoch die Mühe, wenn etwa bei einer Hausrenovierung viele gleiche Fenster mit Rahmen anfallen. Sie lassen sich leicht zusammenstellen, indem die Rahmen durchbohrt und mit Schrauben befestigt werden.

Bausätze beziehungsweise Steckverbinder aus Kunststoff erhältlich, die den Aufbau erleichtern.

Frühbeet

Neben Gewächshäusern sind Frühbeetkästen unverzichtbare Einrichtungen nicht nur in Erwerbsgärtnereien, die sie für bestimmte Kulturen als vollwertiges Quartier nutzen. Ein Frühbeetkasten besteht aus Holz, Metall- oder Betonformteilen und ist mit Glasfenstern eingedeckt. Wie der Folientunnel ist er für den Gemüseanbau oder für die Anzucht und -abhärtung von Jungpflanzen nützlich und eine gute Ergänzung für ein ebenfalls vorhandenes Gewächshaus.

Besonders wertvoll sind die flachen Gewächshäuser für den vorzeitigen Anbau von Frühgemüsen. Mit einer wärmenden Packung Stallmist als Mistbeete hergerichtet, machen sie sogar die Pflanzung von Tomaten und Paprika vor Saisonbeginn möglich. Frühbeete dienen aber auch im Sommer noch als schützende Quartiere für Gurken, Melonen und andere wärmeliebende Exoten. Im Herbst lassen sie sich wieder für späte Salate nutzen oder als Mieten für Knollen- und Wurzelgemüse. Noch im Winter haben sie einen Wert als Aufbewahrungsort für nicht zu empfindliche Kübelpflanzen, wenn der Boden tief genug ausgeschachtet wird. Ebenso bieten sie günstige Bedingungen für Kaltkeimer. Die Saatgefäße mit Gehölz- oder Staudensämereien werden dazu nur in den Boden eingesenkt.

Wanderkästen und Dauerkästen
Man unterscheidet zwischen dem Wanderkasten und dem Dauerkasten. Von beiden Typen gibt es verschiedene Varianten: den einfachen Kasten und den Doppel- oder Sattelkasten. Der Wanderkasten besteht aus leichten Elementen und kann so ohne Schwierigkeiten umgesetzt werden. Der Dauerkasten wird fest in den Boden eingesenkt. Dabei haben sich Betonformteile, Ziegelwände oder Holzbohlen bestens bewährt.

Beim Dauerkasten sollten die Wände bis in eine frostfreie Tiefe von etwa 50 cm eingesenkt werden, damit der Frost keine Verschiebungen verursachen kann. Der Aufwand für den Bau eines Dauerkastens ist deshalb wesentlich größer als für einen Wanderkasten, der nur auf den Boden aufgesetzt wird. Während die Länge eines Frühbeetes beliebig sein kann, hat sich eine Breite von 120 cm (Beetbreite) als günstige Größe bewährt.

Man sollte darauf achten, dass der Kasten eine geringe Neigung hat, die Rückwand also höher ist als die Vorderwand: So kann das Sonnenlicht besonders im Frühjahr und im Herbst besser eindringen.

Ein Hochbeet lässt sich auch als Frühbeet konstruieren. Bei Bedarf werden dann passende Fenster aufgelegt.

Folientunnel, Gewächshaus, Frühbeet | 87

Kultur im Frühbeet

Für den Anbau im zeitigen Frühjahr unter Glas sind nur bestimmte Gemüsesorten geeignet und zwar spezielle „schoßfeste" Frühsorten. Ideal ist das Frühbeet für frühe Kopfsalatsorten, Rettiche, Radieschen, Spinat und Kohlrabi, da diese recht robust sind und Spätfrost hinnehmen. Einen völligen Frostschutz gewährt das Frühbeet jedoch nicht, es hält nur geringe Kälte ab.

Tomaten, Paprika und andere empfindliche Gemüse dürfen erst im Mai ins Frühbeet gepflanzt werden – es sei denn, man schützt sie bei Frost zusätzlich, zum Beispiel mit Polsterfolie, oder man bepackt sie mit Pferdemist und macht einen „Warmen Kasten" daraus. Dazu muss der Boden etwa 40 cm tief ausgehoben und durch Mist ersetzt werden. Darauf kommt gute Gartenerde.

Technik

Gute Lüftungseinrichtungen sind für jeden Glashaustyp wichtig und unverzichtbar, da sonst die Temperaturen an sonnigen Sommertagen für Pflanzen zu hoch werden. Abhängig von der Größe ist außer der Tür wenigstens ein Dachfenster nötig, durch das die heiße Luft nach oben entweichen kann. Die Lüftung ebenso wie die gleichermaßen vor Überhitzung schützende Schattierung lässt sich elektronisch mit einem Wärmefühler regeln, diese – etwas aufwendigere – Methode wird in guten Warmhäusern eingesetzt. Es gibt jedoch auch einfache Lüftungsautomaten und Fensterheber, die jederzeit nachträglich in die Fenster einsetzbar sind. Sie sind für gewöhnliche Kleinglashäuser, Frühbeete und dergleichen völlig ausreichend. Strohmatten oder spezielle Schattiermatten aus Kunstfasergewebe genügen als Sonnenschutz. Die Nutzung bestimmt die weitere Ausstattung. Hängeborde und Glashaustische sind zu empfehlen, will man den Raum optimal nutzen. Zum Topfen, Stecklinge schneiden und für andere Arbeiten ist ein stabiler Tisch ohnehin unverzichtbar. Gartenkataloge und Gartencenter bieten eine breite Auswahl an praktischem Zubehör. Viele Utensilien und Werkzeuge gehören aber ohnehin zur Gartengeräteausstattung.

Übersicht Materialien

Klarglas hat eine glatte und eine genörpelte Oberfläche, es ist durchscheinend und erzeugt diffuses Licht. Bei dieser Eindeckung sind Verbrennungen an Pflanzen, die bei direkter Sonneneinstrahlung vorkommen können, selten. Die Scheiben sind relativ schwer und brauchen ein sicheres Auflager.

Blankglas hat zwei glatte Oberflächen und ist durchsichtig, sodass an klaren Tagen unbedingt eine Schattierung nötig ist. Die Gebäude sind einsehbar, was nicht immer erwünscht ist. Allerdings bringen sie eine optimale Lichtausbeute.

Stegdoppelplatten sind durchscheinende, undurchsichtige Kunststoffdoppelplatten, die mit Stegen verbunden sind. Die Luft dazwischen wirkt dämmend. Es ist eine sehr leichte und bruchsichere Eindeckung, die gut befestigt werden muss. Das Material lässt sich gut bearbeiten (bohren, sägen etc.). Mit der Zeit werden die Kunststoffscheiben trüb, außerdem bilden sich in den Hohlkammern Algen.

Gitterfolie ist eine besonders reißfeste, UV-Licht-stabile Spezialfolie für den Gewächshausbau. Sie ist preiswert, hat aber den typischen „Plastikcharakter".

Luftpolsterfolie ist eine Folie mit eingeschweißten Luftpölsterchen. Sie ist nicht als Eindeckung geeignet, sondern nur als zusätzliche Wärmedämmung. Diese Folie hilft Energie und Kosten sparen, vermindert aber den Lichteinfall.

Schlitzfolie und *Kunststofffaservlies* sind *Kunststoffplanen* beziehungsweise -vliese zur Abdeckung der Beete, für kleine Tunnel und Zelte oder als zusätzlicher Frostschutz unter Glas.

Unbedingt zu beachten ist, dass nur lichtstabile Kunststoffe zum Einsatz kommen. Gewöhnliche Folien beispielsweise

Gewächshaus, Frühbeet, Folientunnel

werden bald brüchig.

Teiche, Brunnen, Schöpfbecken

Wasserstellen sind in jedem Garten wertvolle Gestaltungselemente. Das kann ein Teich mit Bachlauf sein oder nur ein kleiner Brunnen, der an der Terrasse Platz hat.

Ein gut angelegter Gartenteich ist im Schrebergarten ein wertvolles Gestaltungselement. Fische werden nur bei ausreichender Größe und Tiefe eingesetzt.

Wasserstellen machen die Kultur spezieller Pflanzen möglich und verbessern das Kleinklima. Sie haben aber auch ohne Bepflanzung einen Wert: So können sie beispielsweise als Schöpfbecken dienen oder als Vogeltränken nützlich sein.

Platzwahl

Der beste Platz für eine Wasserstelle ist nicht nur von den verfügbaren Freiräumen abhängig, sondern auch von ihrer Art. Ein Sprudelbecken verliert sich in einer abgeschirmten Gartenecke, es gehört an die Terrasse oder neben einen Zweitsitzplatz. Dagegen liegt eine Vogeltränke direkt an der Terrasse ungünstig: Vögel brauchen einen geschützten Platz abseits vom Trubel. Natürlich ist die Lage auch hinsichtlich der Bodenbeschaffenheit zu wählen. Auf felsigem Untergrund nämlich macht das Auskoffern des Bodens für ein Springbrunnenbecken unnötige Mühe. Abhilfe kann eine Verlegung des geplanten Standortes schaffen.

Vorhandene Wasserstellen sichern!

Wenn bereits ein Wasserbecken zur Anlage gehört oder wenn sich nach dem Bau einer Wasserstelle auch Kinder im Garten aufhalten, muss diese Gefahrenstelle gesichert werden.

Teiche, Brunnen, Schöpfbecken

Mit etwas handwerklichem Geschick wird ein selbst gemauerter Brunnen zum Schmuckstück.

Wasserquelle für Tiere

Für Tiere ist Wasser genauso wichtig wie für uns Menschen. Eine oder besser mehrere Wasserstellen begünstigen die Lebensbedingungen von Vögeln, Insekten und anderen Nützlingen wesentlich. Ist eine Wasserquelle vorhanden, brauchen brütende Vögel beispielsweise nur kurze Flugstrecken zur Versorgung ihrer Jungtiere zurückzulegen, was ihnen die mühsame Brutpflege erleichtert. Liegt ein natürliches Gewässer in der Nähe, können sie stets aus dem Vollen schöpfen. Wenn nicht, helfen künstliche Gewässer wie Gartenteiche, Brunnen oder Vogeltränken. Ein Teich bietet auch andere Vorteile: Hier finden die Tiere auch Baumaterial wie Gräser und Wasserpflanzen für ihre Nester, außerdem lädt die Wasserstelle zum Baden ein.

Die Anziehungskraft des glitzernden Wassers auf Kleinkinder ist gewaltig und im Krabbelalter können selbst kleine Becken gefährlich sein.

Es genügt nicht, die Kinder abzuhalten, denn auf Dauer ist dies ohnehin kaum möglich. Die Gefahrenstelle lässt sich nur durch eine ausreichende Abdeckung sichern, es sei denn, das Wasserbecken wird durch das Auffüllen mit Kieseln flacher gelegt oder man lässt das Wasser ab, leert das Becken und macht beispielsweise einen Sandkasten daraus, wenn es bündig im Boden liegt.

Ein Natursteintrog oder ein Betonbecken kann auch als Hochbeet für Gemüse nützlich sein.

Wer eine alte Blechbadewanne hat, kann sie zu einem reizvollen Wassergarten umfunktionieren.

Ein Jahr im Schrebergarten

Das Gartenjahr im Überblick

Januar

Februar

März

April

Mai

Juni

Juli

August

September

Oktober

November

Dezember

Das Gartenjahr im Überblick

Das Gartenjahr dauert auch im Schrebergarten nur sieben bis acht Monate. Je nach Wetter beginnt die Saison im März/April und endet im Oktober/November. Die zwangsläufige Winterpause hat auch ihre guten Seiten: Sie entlastet von den täglichen Pflichten und gibt einem Zeit zum Sammeln und Entspannen.

Unter Glas kann die Vorkultur von Gemüse und Sommerblumen schon im Spätwinter erfolgen.

Die Winterzeit nutzen

Sobald die Beete abgeräumt sind, die Ernte eingebracht und der Garten winterfest gemacht ist, werden

Bei mildem Wetter beginnt die Garten- und Gemüsesaison mit der Pflanzung der ersten Salate und Kohlrabi.

Spaten, Pflanzschaufel und Gießkanne durch Zeitschriften, Gartenbücher und Wanderschuhe ersetzt. Anstatt des Liegestuhls im Garten dient nun das Sofa im Wohnzimmer zur Erholung. Die tristen Novembertage lassen sich mit Reparaturen, Ernteverarbeitung und Winterschutzmaßnahmen – diese können sich durchaus bis in den Dezember hinziehen – gut überbrücken. Klare Tage, vielleicht mit Schnee, laden dazu ein, im Schrebergarten nach dem Rechten zu schauen.

Falls nötig, bekommen gefährdete Pflanzen noch einen Schutz vor Kaninchen. In dieser Jahreszeit ist übrigens eine gute Gelegenheit zum Fangen von Wühlmäusen, da sie keinen Winterschlaf halten. Bevor man zu Ködern greift, sollte man es mit

Das Gartenjahr im Überblick

Vorhergehende Doppelseite: Zur Blütezeit ist ein Apfelbaum eine Augen- und eine Bienenweide. Der Obstertrag ist maßgeblich von der Bestäubung durch Insekten abhängig.

speziellen Fallen probieren oder – noch besser – die Nager von vornherein abhalten. So können die Wurzeln gefährdeter Pflanzen durch engmaschige Drahtkörbe geschützt werden, in die man beispielsweise Lilienzwiebeln direkt bei der Pflanzung hineinsetzt.

Stöbern Sie jedoch nicht zu gründlich in Garten und Gartenhaus herum, da Igel, Siebenschläfer und andere überwinternde Tiere keinesfalls gestört werden dürfen.

Im Januar wird das neue Gartenjahr vorbereitet, denn nun kommt die Zeit zum Planen, Bestellen von Saatgut und für erste Aussaaten. Die Tage werden aber erst im Februar spürbar länger, deshalb keine Ungeduld bei Aussaaten! Jetzt haben Sie Zeit, beschädigte Geräte zu reparieren und neue anzuschaffen. Der Winter lässt sich gut nutzen, um sein gärtnerisches Wissen zu erweitern, sei es bei gelegentlich angebotenen Vorträgen von Gartenfachleuten oder bei einem Besuch im botanischen Garten. Selbst Reisefreunde kommen auf Ihre Kosten: Solange der Garten ruht, ist die Zeit für längere Fernreisen günstig.

Das Gartenjahr beginnt

Von Februar bis März bekommen die Gehölze ihren jährlichen Pflegeschnitt. gleichzeitig laufen die Vorbereitungen für das neue Gartenjahr an: Drinnen beginnt die Anzucht, draußen können Frühbeete und Gewächshaus hergerichtet werden. Der Beginn der Freilandsaison ist weitgehend vom Wetter abhängig. Erst wenn die Frühlingssonne den Boden aufgetaut hat und er abgetrocknet ist, kann mit der Bearbeitung und Bestellung begonnen werden – und ab dann gibt es allerhand zu tun.

Pflanzzeit

Es stehen Pflanz- und Aussaatarbeiten an, denn die Lieferungen von Pflanzen- und Saatgutversendern müssen unverzüglich ausgebracht werden. Die Pflanzzeit dauert bis in den April an.

Neben Gehölzen, Stauden und Gräsern kommen neue Zwiebelblumen (Gladiolen, Dahlien, Sommerblüher) in den Boden. Schon gibt es erste Ernten von Salat, Kohlrabi und Rettichen aus eigenem Anbau. Die freien Beete bieten sich für geeignete Folgekulturen an.

Auch das Gras beginnt zu sprießen, ab jetzt muss der Rasenmäher bereit stehen. Wiesen dürfen sich natürlich entwickeln, sie bekommen erst im Sommer einen Schnitt. Bis dahin ist aber noch viel Zeit, die gut genutzt werden sollte.

Vor allem darf die Pflege der Beete nicht vernachlässigt werden. Das Hacken und Mulchen hält Unkräuter zurück, bis die Kulturpflanzen einen dichten Bewuchs bilden. Im Mai kommen Sommerblumen und Kübelpflanzen nach draußen. Nun ist auch Pflanzzeit für Tomaten, Gurken und andere wärmebedürftige Gemüse gekommen. Wenn die Beete bestellt und die Blumenrabatten vorbereitet sind, geht die Gartenpflege etwas gemächlicher weiter.

Den Sommer genießen

Den Sommer hindurch stehen Bewässerung, Bodenpflege und Rasenschnitt an. Ansonsten gibt es genügend Gelegenheit zum Ausruhen, Grillen und dergleichen, denn auch die nachbarschaftlichen Kontakte sollten nicht zu kurz kommen.

Erntezeit

Nach und nach reifen Gemüse und Obst. Fällt die Ernte zu reichlich aus, finden sich häufig Abnehmer oder man nutzt die verschiedenen Möglichkeiten zur Konservierung.

Wenn das Wetter passt, halten sich Schädlinge und Krankheiten hoffentlich in Grenzen. Ausfälle müssen aber immer wieder hingenommen werden, so etwa durch Mehltau bei Gurken, Braunfäule bei Tomaten oder Rost bei Rosen. Der beste Schutz ist die Pflanzung resistenter Sorten. Dazu gibt es im Herbst wieder reichlich Gelegenheit.

Mit der Pflanzung und der Ernte geht die Saison im Gartenjahr langsam dem Ende zu, auch wenn es noch viel mehr zu tun und zu genießen gibt. Höhepunkte wie die Rosenblüte, die Weinlese oder gemütliche Feierabende allein oder in freundschaftlicher Runde tragen ohnehin zum Wert des Schrebergartens bei. Wer zudem die Arbeit als Sport betrachtet und sich dabei nicht übernimmt, wird mit Sicherheit seine Freude am Gärtnern haben.

Das Gartenjahr im Überblick | 99

Wenn das Wetter im Frühjahr günstig war, reifen bis zum Herbst viele Äpfel.

Januar

Der erste Monat im Jahr ist der kälteste. In dieser Zeit kann besonders Kahlfrost empfindlichen Pflanzen gefährlich werden. Frostfreie Tage bieten sich dagegen an, den Winterschnitt der Gehölze zu erledigen. Während draußen im Garten sonst noch nicht viel zu tun ist, beginnt drinnen langsam die Zeit für die Anzucht.

Winterschnitt – Erziehungsschnitt

Was in jungen Jahren versäumt wurde, ist im Alter kaum noch nachzuholen. Das gilt auch bei Bäumen, besonders beim Obst. Der Erziehungsschnitt gibt den zukünftigen Wuchs vor und darf deshalb nicht vernachlässigt werden. Bei jungen Bäumen genügt es, einige störende Zweige zu entfernen und ungünstig abstehende zu stäben oder abzuspreizen, damit sich ein gleichmäßiges lichtes Zweiggerüst entwickelt. Später brauchen gut geformte Kronen nur noch gelegentlich einen Auslichtungsschnitt.

Beim Auslichten von Gehölzen sollten Sie gezielt nur die Äste entfernen, die wirklich stören. Andernfalls schadet der Schnitt mehr als er nützt. Insbesondere sind nach innen in die Krone wachsende Zweige und steile Triebe zu entfernen. Schneiden Sie störende Zweige jeweils unmittelbar an der Austriebstelle am deutlich sichtbaren „Astring" ab. Denn hier bildet sich rasch Wundgewebe, das die Schnittstellen zügig überwallt. Zapfen (Stummel) dürfen nicht stehen bleiben, denn sie trocknen ein und verhindern die Wundheilung.

Gemüse-Planung

Im eigenen Garten ist für altbekannte Gemüse ebenso Platz wie für neue

Beim Auslichtungsschnitt werden steile Triebe entfernt oder auf Außenaugen abgelenkt.

Ein glatter Schnitt am Astring bewirkt eine zügige Abschottung der Wunde.

Sorten. Bei der Planung sollte auf die Pflanzung von Mischkulturen geachtet werden. So sollten Kohlarten nur abwechselnd mit anderen Arten gepflanzt werden. Sie vertragen sich gut mit Bohnen, Spinat, Kopfsalat, Tomaten und anderen.

Tomaten sollten nicht mit Kartoffeln oder anderen Nachtschattengewächsen zusammen stehen. Abgesehen von Kohlarten passen sie besser zu Rettich, Porree oder Sellerie.

Als einfachste Regel gilt auch bei anderen Gemüsen, die Arten verschiedener Familien stets im Wechsel anzupflanzen. Dann bleiben die gemeinsamen Schädlinge fern und der Boden wird nicht einseitig ausgezehrt.

Bauen Sie nicht zuviel an – immerhin soll der Gemüseanbau keine große Mühe machen, sondern mit Freude zu bewältigen sein! Von Vorteil ist eine Skizze mit der verfügbaren Anbaufläche, in welche die gewünschten Gemüse in einer günstigen Zusammenstellung eingetragen werden. Diese Übersicht ist auch später bei Folgekulturen nützlich.

Gartenarbeit im Überblick

- Überprüfen und erneuern Sie bei Bedarf den Frostschutz besonders bei Kahlfrost!

- Schützen Sie die Rinde junger Bäume mit einem Kalkmilchanstrich vor Rissen durch die Wechselwirkung von Frost und Wintersonne.

- Beginnen Sie mit den Vorbereitungen zur Aussaat von Gemüse und Sommerblumen.

- Die Geräte vertragen jetzt eine Pflege (Ölen, Schärfen etc.).

- Überprüfen Sie, ob angebrochenes Saatgut vom Vorjahr noch keimfähig ist.

- Alte Erden können im Backofen gedämpft und sterilisiert werden, auch Komposterde für die Aussaat.

- Kontrollieren Sie das Gemüse- und Obstlager gelegentlich und verbrauchen Sie die Früchte nach und nach.

- Im Glashaus sind jetzt Bodenproben zu empfehlen, gegebenenfalls Kompost verteilen und einarbeiten.

Pflanzen des Monats

Blüten im Freien
Schneeball, Winterjasmin, Haselnuss, Schneeheide, Christrose

Gemüse
Rosenkohl, Grünkohl, Feldsalat, Porree

Obst
Nüsse, Früchte aus dem Lager

Kataloge anfordern

Die Zeit ist reif für die Gemüse- und Blumenauswahl der kommenden Saison. Anregungen und eine reiche Auswahl bieten die Kataloge der Samen- und Pflanzenversender. Fordern Sie sie deshalb rechtzeitig an, damit Sie die Saattermine nicht verpassen.

Die Kataloge der Gärtnereien helfen bei der Planung der Gartensaison.

Februar

Der Februar ist ein typischer Wechselmonat. Die Temperaturen können in klaren Winternächten weit unter den Gefrierpunkt sinken und an sonnigen Tagen auf über 20 °C steigen. Jedenfalls ist manchmal schon Frühlingsluft zu schnuppern, und die lockt nicht nur Krokusse, Schneeglöckchen und Winterlinge ans Licht.

Eine Schneedecke ist der beste Frostschutz. Nur Nassschnee sollte von bruchgefährdeten Gehölzen abgeschüttelt werden.

Bei Edelrosen wird das erforene Holz zurückgeschnitten.

Holzhäcksel als Wegebelag

Gehäckseltes Holz, das nach dem Winterschnitt der Bäume und Sträucher reichlich anfällt, eignet sich gut zum Mulchen unter Gehölzen oder auch als Wegebelag, beispielsweise auf Nebenwegen durch den Garten.

Es ist weich und federnd begehbar, sieht gut aus und hält einige Jahre. Nach der Vererdung lässt es sich wieder mit frischem Material ergänzen.

Kunststoff-Faservliese

Vorbeugen ist besser als heilen – das gilt im Garten besonders bei frostempfindlichen und schädlingsanfälligen Pflanzen. Als Frostschutz und gleichermaßen gegen Schädlinge haben sich Vliese bewährt.

Insbesondere bei Frühgemüsen und bei Jungpflanzen, die noch nicht abgehärtet sind, lindert eine Vliesdecke Zugluft und Kälte. Später dient das Vlies dann zum Schutz vor Zwiebelfliegen und/oder Möhrenfliegen. Die Gartenvliese aus Acryl sind wasserdurchlässig und können auf den Kulturen liegen bleiben. Zudem sind sie verrottungsfest und jahrelang haltbar.

Frostschäden behandeln

Pflanzen, die nicht ganz winterhart sind, wie beispielsweise Rosen, Som-

Unter Glas bieten Vliese einen zusätzlichen Frostschutz, zumal sie die Bodenwärme speichern. Die luftigen Stoffe hindern das Pflanzenwachstum nicht.

merflieder und Hortensien, müssen immer wieder mehr oder weniger starke Erfrierungen hinnehmen. Ab Ende Februar, wenn keine strengen Fröste mehr zu erwarten sind, werden die deutlich sichtbaren erfrorenen Triebe zurückgeschnitten.

Gartenarbeit im Überblick

- Bei mildem Wetter können Sie die ersten Frostschutzvorrichtungen entfernen. Empfindliche Pflanzen aber nicht zu früh auspacken.

- Kümmern Sie sich um Aussaat und Anzucht, damit sich die Gemüse- und Blumensämlinge auf den Fensterbänken gut entwickeln.

- Reifer Gartenkompost ist ein ideales Bodenverbesserungsmittel. Volle Silos werden jetzt geleert, dann ist auch wieder Platz für frische Garten- und Küchenabfälle.

- Im Februar ist die beste Zeit für den Schnitt von Obst- und Ziergehölzen, da nun keine Frostschäden mehr zu befürchten sind. Außerdem sind die Gehölze noch in der Saftruhe; sobald die Schnittwunden „bluten", ist die Gelegenheit zum Schneiden bis zum nächsten Winter vorbei.

- Bei frostfreiem Wetter beginnen Sie mit dem Veredeln der Obstgehölze.

- Sobald der Boden aufgetaut ist, können Obst- und Ziergehölze, Stauden, Gräser und Kräuter gepflanzt werden.

- Eine gute Pflanzenwahl bei Beachtung der Standortbedingungen ist der beste Pflanzenschutz. Wichtig: Wählen Sie robuste Sorten!

- Tomaten, Paprika und andere Gemüse, die jetzt gesät werden, brauchen viel Licht. An trüben Tagen ist eine künstliche Beleuchtung unbedingt empfehlenswert.

- Salat, Spinat, Kohlrabi und Radieschen können Ende Februar in das Glashaus oder Frühbeet ausgesät werden.

- Denken Sie daran, an klaren Tagen Gewächshaus, Frühbeet und Folientunnel zu lüften und zu schattieren.

- Frühblühende Zwiebelblumen verwildern und breiten sich zunehmend aus, wenn sie in Ruhe einziehen dürfen und nicht gestört werden.

Pflanzen des Monats

Blüten im Freien
Winterjasmin, Christrose, Haselnuss, Zaubernuss, Kornelkirsche, Gämswurz, Winterheide, Schneeglöckchen, Krokus, Seidelbast, Winterling, Scheinhasel, Leberblümchen

Gemüse
Rosenkohl, Grünkohl, Pastinake, Topinambur, Feldsalat, Porree, Petersilie

Obst
Nüsse, Lagerobst

Eine Teichpumpe mit kräftigem Wasserschwall verhindert die Bildung einer

geschlossenen Eisdecke.

März

Mit dem Frühlingsanfang am 20. beziehungsweise 21. März und dem Beginn der Sommerzeit am letzten Sonntag des Monats ist der März ein typischer Wendemonat. Obwohl der Winter oft noch zu spüren ist, nimmt ihm der Frühling doch langsam die Kraft. Die Tage werden deutlich länger und lassen genug Zeit für Arbeiten wie Umtopfen und die ersten Aussaaten und Pflanzungen ins Freiland.

Standortwechsel

Wenn Pflanzen mit ihrem Standort nicht zurecht kommen, werden sie immer wieder leicht von Schädlingen und Krankheiten befallen.

Das gilt sowohl für Zimmerpflanzen als auch für Pflanzen im Freiland. Zimmerpflanzen lassen sich jederzeit umstellen, wenn sie etwa mehr Licht brauchen. Bei Freilandpflanzen ist das Umquartieren – außer bei Kübelpflanzen – nur in der Wachstumsruhe möglich.

Im Frühjahr vertragen die meisten Stauden und Gehölze das Umpflanzen gut, solange sie noch nicht ausgetrieben haben und solange sie nicht zu alt sind.

Insbesondere brauchen Rosen oder auch Pfirsichbäume, Weinreben und dergleichen geschützte, sonnige Plätze. Im Schatten verkümmern sie.

Die richtige Platzierung ist der beste vorbeugende Pflanzenschutz und erspart so manches Pflanzenschutzmittel.

Die Frühlingssonne regt die Stauden und Zwiebelblumen zum Austreiben an. Dennoch sind Nachtfröste zu erwarten.

Im Frühjahr ist eine günstige Zeit zum Umpflanzen störender oder ungünstig platzierter Gehölze – vorzugsweise mit Wurzelballen, nicht mit losen Wurzeln.

Gemüse

Sobald der Boden gut erwärmt und abgetrocknet ist, beginnt die Aussaat- und Pflanzzeit im Gemüsegarten. Dazu sind einfache Trittbretter oder Lattenroste wertvolle Hilfen. Sie ermöglich einen bequemen und jederzeit trockenen Zugang zu den Beeten und verhindern Trampelpfade.

Bei Gemüsen unterscheidet man zwischen solchen mit Vorkultur, dazu gehören unter anderem Tomaten, Paprika und Gurken, und solchen, die direkt ins Freie gesät oder gesteckt werden, wie zum Beispiel Möhren, Zwiebeln und Rote Beete.

Es gibt aber auch Arten, bei denen sowohl die Vorkultur als auch die Direktsaat möglich sind, beispielsweise Salat, Zucchini oder Mais.

Vogelscheuchen und Schutznetze

Schutz brauchen jetzt weniger die Vögel – es sei denn vor streunenden Katzen –, sondern vielmehr die frischen Beete. Vogelschutznetze schützen die Saaten vor den Vögeln.

Die speziellen Gewebe aus Polyäthylen sind in verschiedenen Größen und Farben erhältlich und haben kleine Maschen, in denen sich die Tiere nicht verfangen können. Sie dienen später auch zum Schutz der Beeren und anderer begehrter Gartenfrüchte.

Eine gewisse abschreckende Wirkung haben außerdem Vogelscheuchen,

Holzlattenroste sind schnell gebaut und ermöglichen einen guten Zugang in die Gemüsebeete.

die selbst gebastelt werden können. Wenn sie nicht wirken, sind schöne Vogelscheuchen auch als attraktive Windspiele ein Blickfang.

Stauden und Gräser teilen

Rechtzeitig vor dem Austrieb der frischen Halme und Blätter können kräftige Stauden, wie Margeriten, Schwertlilien oder Astern, und Grä-

Buschige Staudenhorste sind einfach vermehrbar. Sie werden dazu mit der Grabgabel ausgestochen und in gut bewurzelte „Jungpflanzen" zerteilt.

ser, wie Lampenputzergras oder Blauschwingel, durch Teilung vermehrt werden.

Dazu sticht man die Pflanzen mit Wurzelstock aus und zerteilt sie mit der Grabegabel oder mit den Händen in kräftige, bewurzelte Stücke.

Diese Jungpflanzen können sogleich im Garten verteilt und gepflanzt werden.

Gartenarbeit im Überblick

- Bei mildem Wetter können Sie den Frostschutz von Rosen, Stauden, Obstgehölzen und anderen Pflanzen entfernen; bei Kübelpflanzen ist noch Vorsicht geboten.

- Empfindliche Pflanzen sollten weiterhin vor Nachtfrost und kaltem Wind geschützt werden.

- Die Temperaturschwankungen zwischen Tag und Nacht sind bei sonnigem Wetter extrem und können zum Beispiel für junge Obstbäume schädlich wirken.

- Zum Schutz vor Rindenrissen werden betroffene Stämme geweißt oder mit Jute umwickelt.

- Der Schnitt der Obst- und Ziergehölze ist nur während der Saftruhe empfehlenswert. Wenn die Schnittwunden bluten, ist die Zeit vorbei.

- Auch die Edelrosen sollten rechtzeitig geschnitten werden, und zwar bevor sie austreiben.

- Jetzt ist die Zeit zum Veredeln von Obstgehölzen günstig. Auf rechtzeitige Bestellung übernimmt das auch eine Baumschule oder Gärtnerei.

- Nach einem strengen Winter sind Sommerflieder und ähnliche empfindliche Sträucher oft stark geschädigt; sie verjüngen sich aber nach einem kräftigen Rückschnitt bald wieder.

- Wenn der Boden aufgetaut ist, können verschiedene Stauden, Gräser, Kräuter und Gehölze gepflanzt werden.

- Unter Glas kann die Frühjahrssonne tüchtig einheizen; an sonnigen Tagen muss gelüftet und wieder abgelüftet werden; zudem ist die Schattierung nötig.

- In Frühbeet und Glashaus können Sie Salate, Kohlrabi, Rettiche und andere frühe Arten säen oder pflanzen.

- Ein Frühbeet bietet optimale Bedingungen für Gemüse, vor allem ein Mistbeet mit eigener „Bodenheizung".

- Wenn der Boden abgetrocknet und erwärmt ist, beginnt die Saat- beziehungsweise Pflanzzeit für Möhren, Spinat, Salat, Rote Bete, Petersilie, Zwiebeln und viele andere Frühgemüse.

- Vor der Aussaat und dem Auspflanzen muss der Boden tiefgründig gelockert und gegebenenfalls mit Kompost verbessert werden. Wichtig ist auch eine optimale Beeteinteilung bei Beachtung der Wuchsgrößen und der Kulturdauer sowie der Verträglichkeiten der verschiedenen Arten (Mischkultur und Fruchtwechsel).

- Bevor der Rasen austreibt, lässt er sich durch das Vertikutieren verjüngen und zum Wachsen anregen.

- Drinnen ist Hochsaison für die Anzucht und Vermehrung von Sommerblumen und Gemüse.

Pflanzen des Monats

Blüten im Freien
Zwiebelblumen, Haselnuss, Forsythie, Zaubernuss, Kornelkirsche, Scheinhasel, Gämswurz, Buschwindröschen, Gänsekresse, Sumpfdotterblume, Christrose, Leberblümchen, Primel, Küchenschelle

Gemüse
Petersilie, Pastinake, Grünkohl, Rosenkohl, Porree, Topinambur, Feldsalat, Frühsalate, Kohlrabi, Rettich, Radieschen

Obst
Nüsse, Lagerobst

Vogelscheuchen bieten immer ein lustiges Bild, ob sie die Vögel von den Beeten abschrecken oder nicht.

April

Mit Schnee- und Graupelschauern, aber auch mit sonnigen Tagen ist der April ein recht „durchwachsener" Monat. Unangenehm sind vor allem der kalte Wind und die Nachtfröste. Dennoch beginnt die Saison im Schrebergarten.

Die wintergrünen Mahonien warten im Frühjahr mit büscheligen Blütentrauben auf. Daraus entwickeln sich blaue Beeren, die als Vogelfutter nützlich sind.

Dahlien gehören zu den prächtigsten Sommerblühern. Wer im April Knollen verschiedener Sorten in den Garten pflanzt, kann sich auf eine Blütenfülle in vielen Farben freuen.

Dahlien teilen

Im April ist Pflanzzeit für Dahlien. Eigene Wurzelstöcke vom Vorjahr oder vom Handel lassen sich vorher teilen, wenn sie recht kräftig sind. Dazu durchtrennt man sie einfach mit einem Messer. Dabei ist auf „Augen" (Knospen) zu achten. Die Teilstücke müssen triebfähige Knospen haben, die deutlich sichtbar sind. Wurzelstücke ohne Knospen sind wertlos, weil sie nicht austreiben!

Mais als Sichtschutz

Futtermais oder auch besondere Zuckermais-Sorten sind sehr dekorative Sicht- oder Windschutzpflanzen. Sie wachsen schnell, bilden ein dichtes Blattwerk und bringen im Sommer zudem essbare Kolben. Dazu sät man die Körner im April in

Der Zuckermais lässt sich gut mit anderen Gemüse-Arten kombinieren.

Töpfe und pflanzt die Sämlinge nach den Eisheiligen aus oder man sät sie im Mai direkt in tiefgründigen, nährstoffreichen Boden.

Starenkasten hoch hängen

Bevor die Zugvögel aus ihrem Winterquartier zurückkommen, sollten die Bruthöhlen gereinigt und falls nötig repariert sein. Eventuell werden auch neue Nistkästen im Garten verteilt. Die Plätze müssen rich-

Stare sind treue Gartengäste. Sie kommen jedes Jahr im Frühling aus Afrika zurück.

tig befestigt werden und nach Südosten weisen, nicht zur Wetterseite. Außerdem müssen sie vor Katzen sicher sein. Stare nehmen die angebotenen Kästen nur an, wenn sie hoch über einem übersichtlichen Terrain hängen!

Gartenarbeit im Überblick

- Folien und Vliese werden zum Schutz der Saatbeete vor rauem Wetter vorbereitet.

- Rechtzeitiges und regelmäßiges Hacken lässt kein Unkraut aufkommen.

- Möhren, Dill, Petersilie, Radieschen, Rettiche, Rote Rüben, Rosenkohl, Erbsen, Pastinaken, Eissalat, Kohlrabi, Borretsch, Brokkoli, Zucchini, Kürbisse und andere Gemüse werden direkt ins Freiland ausgesät.

- Drinnen geht die Anzucht von Tomaten, Paprika und anderen empfindlichen Arten weiter.

- Nach der Ernte von Radieschen, Kohlrabi, Spinat und Salat werden Beete frei für passende Folgepflanzungen. Beachten Sie unbedingt Fruchtfolge und Mischkultur!

- Mischkulturen sind auch unter Glas empfehlenswert, beispielsweise passen Tomaten zu Kopfsalatpflanzen oder Gurken zu Buschbohnen.

- Unter Glas ist das Lüften und Ablüften nötig, je nach Wetter.

- Noch können Obstbäume veredelt und Gehölze durch Stecklinge vermehrt werden, zum Beispiel Beerenobst.

- Ringelblumen, Kornblumen, Goldmohn, Sonnenblumen, Reseda und andere Sommerblumen werden in vorbereitete Beete gesät.

- Im April ist die beste Zeit zur Pflanzung von Stauden und Gehölzen, auch für frostempfindliche Arten.

- Früh blühende Stauden vertragen die Teilung nach dem Abblühen am besten.

- Dahlien und Gladiolen müssen jedes Jahr im April neu gepflanzt werden.

- Robuste Kübelpflanzen, wie Lorbeer, Hanfpalme und Oleander können bei mildem Wetter ins Freie kommen. Direkte Sonne vertragen sie jedoch noch schlecht, deshalb sollten sie wenn nötig schattiert oder schattig platziert werden, bis sie akklimatisiert sind. Bei widrigem Wetter wird die Umstellung vertagt.

- Balkonblumen können schon im April in die Kästen gepflanzt und ins Freie gebracht werden; ganz draußen bleiben sie aber erst ab Mitte Mai.

- Die Algenblüte im Gartenteich ist im Frühjahr völlig normal. Aber jetzt lässt sich die Algenwatte ganz leicht abfischen.

- Der Rasen ist so gut beschaffen, wie er gepflegt wird. Das Vertikutieren hilft, den alten Filz zu entfernen und fördert die Entwicklung der Gräser.

- Schnittgut vom Gehölzschnitt lässt sich nach dem Häckseln sehr gut zum Mulchen unter Sträuchern oder als Wegbelag nutzen.

- Gartenmöbel werden möglichst mit unschädlichen Mitteln renoviert.

Pflanzen des Monats

Blüten im Freien
Felsenbirne, Zierquitte, Kornelkirsche, Scheinhasel, Seidelbast, Forsythie, Heidekraut, Zaubernuss, Magnolie, Mahonie, Lavendelheide, Zierkirsche, Rhododendron, Zierjohannisbeeren, Spierstrauch, Schneeball, Zierapfel, Obst, Tulpe, Narzisse, Krokus, Kaiserkrone, Blaukissen, Veilchen, Iris, Gänseblümchen, Löwenzahn, Hyazinthe, Traubenhyazinthe und viele andere mehr

Gemüse
Feldsalat, Porree, Schwarzwurzel, Schnittlauch, Petersilie, Pastinake, Spinat, Spargel, Rhabarber, Radieschen, Rettich, Kohlrabi, Kopfsalat, frische Wildkräuter;

Obst
Lagerobst (Äpfel, Birnen), Trockenfrüchte, Nüsse, konserviertes Obst sowie Blütenprodukte wie zum Beispiel Löwenzahnwein, Huflattichtee oder Fichtenhonig (Gelee von jungen Fichtentrieben)

Mai

Wenn das „Mailüfterl" weht, kann der Gartenfreund sicher sein, dass die Freiluftsaison endgültig begonnen hat: Was im Mai in einer Woche wächst, braucht im August einen ganzen Monat. Nach den „Eisheiligen", etwa Mitte des Monats, sind die kalten Tage recht zuverlässig vorbei, bis dahin muss aber immer noch mit Nachtfrost gerechnet werden.

Wenn das Wetter mitspielt, gibt es in der Kleingartensiedlung keine Probleme mit der Bestäubung der Obstgehölze, zumal viele Pollenspender in enger Nachbarschaft stehen.

*Die Wildart der Bergwaldrebe (*Clematis montana*) stammt aus China. Die Blüten duften nach Vanille.*

Clematis

Waldreben sind Früh- oder Sommerblüher. Viele Wildarten, wie etwa die Bergwaldrebe (*Clematis montana*) oder auch die Alpenwaldrebe (*C. alpina*), blühen schon im Mai/Juni auf. Sie entwickeln ihre Blütentriebe jeweils schon im Jahr vor der Blüte. Die Sommerblüher, insbesondere die großblütigen Züchtungen (zum Beispiel *Jackmanii*-Hybriden), bringen ihre Blüten an jungen, diesjährigen Trieben hervor. Neben diesen gehölzartigen Waldreben gibt es auch staudenartige, die sich immer wieder aus dem Wurzelwerk erneuern und im Sommer blühen.

Bestäubung und Befruchtung

Die Obsterträge werden wesentlich von der Bestäubung der Blüten im Frühjahr bestimmt. Apfel-, Birnen-, Kirschen-, Zwetschgen- und andere Kern- und Steinobstbäume sind von der Bestäubung durch Insekten abhängig. Vor allen sind es Bienen, die den Blütenstaub von einer Blüte zur anderen befördern. Wenn sie zur Blütezeit etwa wegen Regen oder Kälte nicht fliegen können, werden die Blüten nicht bestäubt und es entwickeln sich keine Früchte. Auch wenn gutes „Bienenflugwetter" herrscht, ist es wichtig, dass der richtige Blütenstaub übertragen wird. Die Befruchtung findet bei selbstunfruchtbaren Gehölzen wie Apfel oder Kirsche nur dann statt, wenn der Blütenstaub einer geeigneten Befruchtersorte auf die weiblichen Narben gelangt. Deshalb sollten immer mehrere Sorten einer Obstart in der Nähe stehen: beim Apfel beispielsweise eine 'Goldparmäne', ein 'Golden Delicious' und eine 'Cox Orange Renette'.

Bei selbstfruchtbaren Gehölzen wie Quitte, Pfirsich, Aprikose oder Weinreben genügt ein Exemplar, zumal sich die Blüten einer Pflanze gegenseitig bestäuben können.

Gartenarbeit im Überblick

- Auch im Mai ist noch Pflanzzeit für Gehölze, Stauden und Gräser, Containerpflanzen machen es möglich.

- Der 15. des Monats ist ein Stichtag im Gartenbau. Danach können auch alle frostempfindlichen Gemüse, Kräuter und Zierpflanzen ins Freie verlegt werden.

- Auch Salate, Rettiche und anderen Nutzpflanzen wachsen heran und können geerntet werden.

- Nach dem Abernten der Frühgemüse lassen sich die Lücken mit vorkultivierten Pflanzen aus dem Haus oder geeigneten Nachsaaten wieder schließen.

- Langstielige Pflanzen lassen sich durch das Entspitzen zu buschigem Wuchs anregen. Das gilt sowohl für Balkon- und Kübelpflanzen als auch für Rosen, Obst und andere Freilandpflanzen.

- Unter Glas beginnt die Saison für wärmebedürftige Gemüse; neben Tomaten sind Paprika, Melonen und Gurken für das besondere Kleinklima bestimmt.

- Jetzt muss reichlich Gießwasser bereit stehen, es lohnt sich, hierfür das Regenwasser zu sammeln.

- Das „Wachswetter" im Mai lässt auch das Unkraut sprießen. Die wichtigste Pflegearbeit im Garten ist deshalb das regelmäßige Jäten.

- Das Gras wächst schnell, sodass fast wöchentlich ein Rasenschnitt nötig ist. Eine Wiese darf nicht gemäht werden.

- Das Schnittgut vom Rasenmähen eignet sich zum Mulchen der Beete oder es wird mit anderen Gartenabfällen vermischt und kompostiert.

Pflanzen des Monats

Blüten im Freien

Rhododendron, Rosen, Felsenbirne, Berberitze, Erbsenstrauch, Waldrebe, Hartriegel, Ginster, Deutzie, Ölweide, Prachtglocke, Federbuschstrauch, Kalmie, Ranunkelstrauch, Goldregen, Magnolie, Zierapfel, Zierkirsche, Obst, Strauchpfingstrose, Feuerdorn, Fünffingerstrauch, Zierjohannisbeeren, Schafgarbe, Adonisröschen, Günsel, Steinkraut, Buschwindröschen, Akelei, Waldmeister, Frühlingsaster, Blaukissen, Bergenie, Vergissmeinnicht, Sumpfdotterblume, Margerite, Maiglöckchen, Lerchensporn, Pfingstnelke, Pfingstrose, Tränendes Herz, Diptam, Gämswurz, Elfenblume, Steppenkerze, Taglilie, Schleifenblume, Schwertlilie, Türkenmohn, Polsterphlox, Salomonsiegel, Steinbrech, Schaumblüte, Trollblume, Immergrün, Waldsteinie, Schneestolz, Tulpe, Blausternchen, Kaiserkrone, Hyazinthe, Zylinderputzer, Zitruspflanzen, Hortensie, Granatapfel sowie nach den Eisheiligen Pelargonie und andere Sommerblumen

Ein Frühbeet bietet im Frühjahr Schutz vor Nachtfrost und kalten Winden. Zum Angießen dient erwärmtes Wasser.

Apfelblüten sind auf passende Pollenspender angewiesen. Es gibt viele gute Befruchtersorten.

Juni

Endlich Sommer! Am 21. Juni ist nach der mitteleuropäischen Zeitrechnung Sommeranfang. Dann werden allerdings mit der Sommersonnenwende die Tage schon wieder kürzer. Die schöne Zeit sollte also gut genutzt werden. Jetzt laden ohnehin Rosen und andere Sommerblüher ins Freiland ein.

Wasser

Das wichtigste Pflanzenpflege- und -schutzmittel ist wohl das Wasser. Ohne Wasser wächst wenig, Pflanzen verkümmern, Früchte reifen nicht richtig und Triebe trocknen ein. Besonders abhängig sind Topf- und Kübelpflanzen, die kein eigenes Reservoir im Boden ergründen können. Sie müssen in der Wachstumszeit fast täglich mit Wasser versorgt werden. Dabei ist aber die Qualität zu beachten, denn Wasser kann kalt, warm, weich, hart, sauer oder neutral sein. Am besten vertragen die Pflanzen nach wie vor Regenwasser. Es ist kalkfrei, normalerweise neutral (also weder sauer noch alkalisch, was mit einfachen Tests leicht zu prüfen ist) und reichlich vorhanden. Es lohnt sich, in der regenreichen Frühjahrssaison Sammelbecken, Zisternen und dergleichen anzulegen, damit Sie stets und auch in Trockenzeiten aus dem Vollen schöpfen können.

Besonders an heißen Sommertagen tragen die grünen Oasen zur Verbesserung des Klimas in der Stadt bei.

Grünschnitt beim Obst

Der Sommer- oder Grünschnitt gehört im Obstbau zur Pflege. Insbesondere störende Triebe werden ausgeschnitten, solange sie noch weich und krautig sind. Dadurch verbrauchen die Bäume keine unnötigen Kräfte für deren Entwicklung, zumal sie im nächsten Winter ohnehin entfernt werden würden.

Selbstverständlich ist der Grünschnitt auch im Hausgarten nützlich. Neben Trieben, die nach innen in die Krone wachsen, werden Wildtriebe unterhalb der Veredelungsstelle ausgebrochen oder abgeschnitten.

Gelbtafeln abnehmen

Die gelben Leimfallen sind nur solange nützlich, wie die Kirschfruchtfliegen ihre Eier an den unreifen gelben Kirschen ablegen.

Sobald die Kirschen reif sind, helfen sie nicht mehr, sondern schaden sogar, weil unnötig Nützlinge kleben bleiben. Sie sollten bei der Kirschenernte abgenommen und mit den gefangenen Kirschfruchtfliegen vernichtet werden.

Tomaten aufputzen und entgeizen

Außer der Bewässerung und Düngung brauchen Tomatenpflanzen nicht viel Pflege. Damit sie jeweils ein kräftiges Stämmchen entwickeln, müssen die Seitentriebe aus den Blattachseln, die sogenannten Geiztriebe, immer wieder ausge-

Starkwüchsige Kletterrosen eignen sich gut zur Begrünung von Rosenbögen. Die Spreizklimmer halten sich selbst an der Kletterhilfe fest.

Die störenden Triebe lassen sich leicht ausbrechen, solange sie noch krautig sind.

An den Leimfallen bleiben auch nützliche Insekten kleben, wenn sie nicht rechtzeitig abgenommen werden.

brochen werden. Dies sollte möglichst früh mit den noch zarten Geiztrieben geschehen, damit keine großen Wunden entstehen. Sie sind oft die Ursache für Pilz- und Viruserkrankungen, zumal diese Erreger – vor allem bei feuchtem Wetter – in die Wunden eindringen. Ebenso empfiehlt es sich, die bodennahen Blätter zu entfernen, weil sich Krankheitserreger oft vom Boden aus auf die Pflanzen ausbreiten. Alle störenden Pflanzenteile werden mit den Fingerspitzen ausgebrochen.

Gartenarbeit im Überblick

- Der Juni ist der Rosenmonat. Jetzt blühen die meisten Wild- und Edelrosen. Welke Blüten sollten immer wieder entfernt werden.

- Rosen entwickeln sich buschiger, wenn sie im Sommer pinziert (eingekürzt) werden; lange Triebe verzweigen sich nach dem Rückschnitt.

- Im Juni werden Veilchen, Bartnelken und andere Zweijahresblumen für das nächste Jahr ausgesät.

- An heißen Tagen brauchen vor allem die Balkon- und Kübelpflanzen reichlich Wasser. Ein Regenwasserspeicher ist jetzt besonders wertvoll.

- Heftiges Gießen oder ein Platzregen verkrusten den Boden. Falls nötig, muss er gelockert werden oder er bekommt eine schützende Mulchdecke.

- Der Rasen muss in Trockenzeiten nicht unbedingt beregnet werden. Er erholt sich nach einer Hitzeperiode selbst wieder.

- Wenn der Rasen regelmäßig gemäht wird, kann das Gras liegen bleiben („Mulchmähen").

- Die beste Zeit für den Heckenschnitt ist etwa Ende des Monats, dann haben die meisten Gehölze den Hauptzuwachs hinter sich. Danach bleiben sie ziemlich in Form.

- Während der Ernte von Kirschen und Beerenobst können störende Zweige ausgeschnitten werden.

- Beim Durchpflücken der Kirschbäume und Beerenobstbüsche sind madige oder kranke Früchte zu entfernen.

- Gute Erdbeersorten können durch Ausläufer, die sogenannten „Kindel", vermehrt werden.

- Rhabarber darf nicht zu lange und zu stark geerntet werden, damit er nicht zu sehr geschwächt wird.

- Nach der Blüte der Kartoffeln können Knollen schon vorzeitig geerntet werden. Die Haupterntezeit ist aber erst, wenn das Laub verwelkt ist.

- Noch ist Pflanz- beziehungsweise Aussaatzeit für Salat, Kohl, Möhren und andere Gemüse auf freie oder freigewordene Beete, wobei auf günstige Folgesaaten und Mischkulturen zu achten ist.

- Achten Sie bei Folgepflanzungen im Gemüsegarten auf eine günstige Sortenwahl: Nach Kohlarten dürfen zum Beispiel weder Kohl noch ein anderer Kreuzblütler folgen.

- Unter Glas ist eine gute Durchlüftung und falls nötig die Schattierung wichtig.

Bei Tomaten ist ein Sortenmix zu empfehlen.

Pflanzen des Monats (Auswahl)

Blüten im Freien (auch Balkon- und Kübelpflanzen)
Schmucklilie, Zitrusarten, Oleander, Hortensie, Pelargonie, Granatapfel, Rhododendron, Rosen, Fuchsie, Berberitze, Sommerflieder, Linde, Perückenstrauch, Deutzie, Ginster, Goldregen, Kolkwitzie, Fünffingerstrauch, Holunder, Spierstrauch, Weigelie, Johanniskraut sowie Blütenstauden wie Rittersporn, Margerite, Taglilie und andere

Gemüse
Schnittlauch, Petersilie, Spargel, Rettich, Radieschen, Kohlrabi, Kopfsalat, Weißkohl, Wirsing, Blumenkohl, Brokkoli, Mangold, Zwiebel, Mairüben, Möhre, Eissalat, Erbsen, Puffbohne, Rotkohl, Kartoffel und frische Kräuter

Obst
Johannisbeeren, Stachelbeeren, Kirschen, Maulbeeren, Rhabarber, Erdbeeren, sowie Blüten für beispielsweise Tees (Lindenblüten) und Gebäck (Holunderküchel)

Eigenes Wasser ist besonders an heißen Sommertagen wertvoll. Je nach Lage wird es aus eigenen Brunnen oder Regen-

wasser-Zisternen gefördert.

Juli

Der Hochsommermonat Juli bringt Hitze und Trockenheit, aber gelegentlich auch heftige Gewitter mit. Gegen Trockenheit hilft das tiefgründige Bewässern – am besten mit Regenwasser aus einem Sammelbecken, gegen Gewitter gibt es für die Gartenpflanzen keinen Schutz.

Im Hochsommer werden die Mühen der Arbeiten mit Blüten, Obst und Gemüse belohnt.

Im Sommer lässt sich die Rinde an Gehölzen lösen. Das macht das Einsetzen von Edelaugen möglich.

Obst und Rosen veredeln

Im Juli beginnt die Zeit zum Okulieren von Gehölzen. Bei dieser recht einfachen Methode wird jeweils nur ein Auge, eine Knospe mit Rindenanteil, in eine geeignete Unterlage (je nach Art Wildrose, Wildapfel etc.) eingesetzt. Daraus entwickelt sich dann ein Trieb, der sich verzweigt und schließlich einen Strauch bildet. Auf diese Art werden unter anderem alle Edelrosen gewonnen.

Kräuterjauchen

Jetzt ist eine günstige Zeit zum Ansetzen von Kräuterjauchen auf Vorrat, zumal der Rainfarn, der Schachtelhalm, die Brennnessel und andere Arten im Sommer reich an Wirkstoffen sind. Dazu wird etwa 1 kg frisches Kraut in 10 l Wasser angesetzt. Nach ein bis zwei Wochen ist die Gärung beendet und die Jauche kann gegen Schädlinge oder zur Stärkung gesprüht oder gegossen werden. Brennnesseljauche ist beispielsweise ein flüssiger Stickstoffdünger, Rainfarnjauche vertreibt Läuse und Schachtelhalmjauche wirkt gegen Pilzkrankheiten. Nach der Gärung sollten die Jauchegefäße verschlossen werden, um eine Geruchsbelästigung zu vermeiden.

Gemüse für freie Beete

Im Juli werden nach dem Abernten von Salaten, Kohlrabi, Rettich und anderen Gemüsen Beete frei. Sie bieten sich sofort für Folgesaaten oder Nachpflanzungen an. Noch ist genügend Zeit für den Anbau von Buschbohnen, Chinakohl, Grünkohl, Möhren, Rettich, Radieschen, Zuckerhut, Blumenkohl, Brokkoli, Endiviensalat, Kohlrabi und Kopfsalat. Bei Aussaat oder Pflanzung ist auf eine günstige Fruchtfolge zu achten.

Das Durchpflücken der Fruchtgemüse fördert die Bildung neuer Früchte – auch bei Bohnen.

Gartenarbeit im Überblick

- An heißen Sommertagen brauchen besonders die Pflanzen in Kübeln und Kästen reichlich Wasser.
Freilandpflanzen stehen kurze Trockenperioden ohne Schaden durch.

- Gießen Sie besser gelegentlich und durchdringend als häufig und oberflächlich! Bewässerungssysteme erleichtern die Wasserversorgung.

- Das Mulchen hält den Boden feucht und schützt vor heftigem Regen genauso wie vor Austrocknung.

- Jetzt reifen Kirschen, Johannisbeeren, Stachelbeeren, Erdbeeren und die ersten Apfelsorten.

- Das Durchpflücken der Fruchtgemüse fördert den Ansatz neuer Blüten und Früchte.

- Während der Kirschenernte lässt sich dürres und krankes Holz ausschneiden.

- Nach der Ernte von Gemüse nur passende Folgekulturen nachsäen oder nachpflanzen, stets mit Arten verschiedener Familien abwechseln.

- Tomatenpflanzen sollten unten entblättert werden, das verhindert die Ausbreitung von Pilzkrankheiten. Außerdem sind die Geiztriebe regelmäßig zu entfernen.

Hochbeete erleichtern die Pflege und sind besonders ertragreich, wenn sie mit

- Hohe Stauden brauchen eine Stütze aus Stäben oder einem Gitter.

- Im Sommer ist es weniger günstig einen Rasen anzulegen als im Frühjahr oder Herbst. Auf jeden Fall muss die Rasensaat bis zur Keimung bei Trockenheit stets feucht gehalten werden.

Pflanzen des Monats (Auswahl)

Blüten im Freien (auch Balkon- und Kübelpflanzen)
Oleander, Hortensie, Pelargonie, Fuchsie, Petunie, Strauchmargerite, Engelstrompete, Rosen, Sommerflieder, Eibisch, Strauchkastanie, Lavendel, Pfeifenstrauch, Perückenstrauch, Ginster, Johanniskraut, Kolkwitzie, Fünffingerstrauch, Sommerheide, Spierstrauch, Weigelie, und viele Blütenstauden, wie Sommermargerite, Storchschnabel, Rittersporn, Schwertlilie, Taglilie, Katzenminze, Indianernessel, sowie Sommerblumen wie Ringelblume, Tagetes und viele andere

Gemüse
Schnittlauch, Petersilie, Rettich, Radieschen, Kohlrabi, Kopfsalat, Weißkohl, Wirsing, Blumenkohl, Brokkoli, Mangold, Zwiebel, Mairübe, Rote Rübe, Möhre, Eissalat, Erbsen, Puffbohnen, Rotkohl, Kartoffel, Knollenfenchel, Bohne, Tomate, Gurke und Kräuter

Obst
Johannisbeeren, Stachelbeeren, Kirschen, Maulbeeren, Erdbeeren, Sommeräpfel, Pfirsiche, Aprikosen

gutem Substrat gefüllt wurden.

August

Das nachlassende Wachstum, vor allem auch bei Gräsern und Kräutern, hat natürlich auch Auswirkungen auf die Gartenpraxis. Viele Arten gehen jetzt zum generativen Wachstum über, das heißt, sie entwickeln Früchte.

Mulchfolie fördert die Bodenerwärmung bei südländischem Gemüse.

Herbizide

Herba, das Kraut (lateinisch), geht beim Spritzen von Herbiziden zugrunde. Der schnellen Wirkung wegen werden Unkrautvernichtungsmittel deshalb häufig auch im Garten gespritzt. Sie schaden allerdings mehr als sie nützen, denn oft werden sie ins Grundwasser ausgewaschen. Im Übrigen wirken andere Mittel und Methoden sogar besser und nachhaltiger, so etwa das Mulchen mit speziellen Folien oder aber das Pflanzen von dichten Bodendeckern, die kein Kraut mehr aufkommen lassen. Deshalb ist es ratsam, auf Herbizide zu verzichten und zu umweltverträglichen Mitteln zu greifen!

Knoblauch und Erdbeeren pflanzen

Zur Erntezeit des Knoblauchs – wenn die Schlotten, die langen grünen Röhrenblätter, welk werden – kön-

Solche Sommerblumenbeete sind eine Freude für alle Pächter und Besucher.

Zur Erntezeit von Knoblauch ist zugleich die Pflanzung möglich. Die Zehen wachsen dann noch vor dem Winter an.

nen bereits wieder frische Zehen für die Ernte im nächsten Jahr gepflanzt werden. Zugleich lassen sich jetzt Erdbeeren durch bewurzelte Ableger vermehren. Das ist günstig, denn Knoblauch und Erdbeeren passen

Gute Erdbeersorten lassen sich nach dem Probieren ganz einfach durch Ableger vermehren. Auf diese Weise ist ein Sortentausch mit den Nachbarn machbar.

gut zusammen. Der Knoblauch wehrt Pilzkrankheiten ab und stört die Erdbeeren nicht. Allerdings muss die Pflanzung immer wieder auf frischen Beeten erfolgen. Erst nach drei bis vier Jahren dürfen wieder Erdbeeren auf dasselbe Beet gepflanzt werden.

Brombeersorten vermehren

Im August, wenn die Brombeerbüsche fruchten, ist die Zeit für deren Vermehrung günstig. Jetzt können Sie gute Sorten anhand der Früchte auswählen und durch Stecklinge oder Absenker gewinnen. Auf diese Weise sind auch seltene Sorten wie Tayberrys, Loganbeeren oder Japanische Weinbeeren zu bekommen, vorausgesetzt, es sind Mutterpflanzen vorhanden.

Gartenarbeit im Überblick

- Auch in den Sommermonaten ist die Pflanzung von Bäumen und Sträuchern mit Containerpflanzen möglich. Es sollte ausreichend gewässert werden.

- Im August werden die Zweijahresblumen ausgepflanzt.

- Nach der Blüte vertragen Stauden die Teilung.

- Beim Sommerschnitt der Gehölze werden krumme Gipfeltriebe korrigiert und Konkurrenztriebe entfernt.

- Ernten Sie die reifen Samen von Wildstauden und lagern Sie sie für die Aussaat im nächsten Frühjahr ein.

- Ausgetrocknete Rasenflächen erholen sich nach einem ergiebigen Regen bald wieder.

- Achten Sie bei der Obsternte auf die Blütenknospen, die bereits für das nächste Jahr ausgebildet sind.

- Im Fallobst stecken häufig Maden, es sollte deshalb beseitigt werden.

- Vögel fallen jetzt gern über reifende Beeren her, dagegen helfen Schutznetze.

- Freie Beete sollten nicht brach liegen. Sie können noch mit Salat, Rettich, Kohlrabi und anderen Kurzzeitkulturen bepflanzt werden. Es ist Zeit zur Aussaat von Feldsalat, Spinat und winterharten Zwiebeln.

- Auch Gründüngersaaten keimen schnell und bilden auf freien Beeten eine dichte Pflanzendecke.

- Die Fülle an Gemüsen und Früchten sollte für den Winter aufbewahrt werden, beispielsweise durch Einkochen, Trocknen, Einfrieren oder in flüssiger Form.

- Das Hacken der Beete fördert die Durchlüftung und hält die Bodenfeuchtigkeit; einfacher ist jedoch das Mulchen, zum Beispiel mit Grasschnitt, der den Boden gleichzeitig schützt.

Pflanzen des Monats

Blüten im Freien
Sommerblumen, Rosen, Hibiskus, Sommerflieder, Fünffingerstrauch, Dahlie, Aster, Schafgarbe, Herbstanemone, Sonnenhut, Sonnenblume, Silberdistel, Rittersporn, Prachtscharte, Ligularie, Nachtkerze, Goldrute, Phlox und andere

Gemüse
Schnittlauch, Petersilie, Rettich, Radieschen, Kohlarten, Mangold, Zwiebel, Möhre, Salat, Bohne, Kartoffel, Erbsen, Knollenfenchel, Gurke, Tomate, Paprika, Zucchini, Aubergine, Artischocke, Rote Rübe, Pilze

Obst
Äpfel, Birnen, Pflaumen, Pfirsiche, Aprikosen, Kirschen, Erdbeeren, Felsenbirnen, Kornelkirsche, Stachelbeeren, Brombeeren, Heidelbeeren, Preiselbeeren, Himbeeren, Weintrauben, Feigen, Maulbeeren und andere sowie Hopfen

Brombeeren fruchten an den vorjährigen Trieben, die im Herbst absterben.

September

Die Septembertage können durchwegs freundliches Wetter bringen. Allerdings geht die Gartensaison langsam zu Ende. Die Tage werden deutlich kürzer und nachts kann es schon spürbar kalt sein. Die laufende Erntesaison und die beginnende Pflanzzeit für Gehölze, Sträucher, Stauden und Zwiebelpflanzen wird dadurch kaum eingeschränkt.

Der Wechsel der Jahreszeiten verändert die Pflanzen und damit auch das Erscheinungsbild der Kleingärten. Mit einsetzender Herbstfärbung beginnt ein Farbschauspiel.

September

Großblütige Hybrid-Tulpen sind nicht sehr ausdauernd. Sie sollten, anders als Wildtulpen, jedes Jahr frisch gepflanzt werden.

Blumenzwiebeln pflanzen

Je früher die Zwiebeln von Tulpen, Narzissen, Schneeglöckchen, Krokussen und anderen Frühblühern im Herbst in den Boden kommen, umso besser wachsen sie an.

Das macht sich auch beim Austrieb und Aufblühen im nächsten Frühjahr bemerkbar. Alle Arten brauchen lockeren und nährstoffreichen Boden, damit sie langfristig gut gedeihen und viele Jahre blühen können.

Gründünger für freie Beete

Weißer Senf (*Sinapis alba*), auch Gelbsenf genannt, und Bienenfreund (*Phacelia*) sind ideale Gründüngerpflanzen für eine Aussaat auf freien Flächen von etwa Ende August bis Anfang September. Sie gehen rasch auf und bringen reichlich Blattmasse hervor, die den Boden schattiert und schützt. Im Winter frieren die Jungpflanzen ab und verbessern den Humusgehalt.

Gartenarbeit im Überblick

- Bereiten Sie für frostige Nächte rechtzeitig Vliese oder Folien vor; sie schützen Tomaten, Paprika und andere vor dem Absterben.

- Auch im Gewächshaus gewähren Vliese und Folien Schutz vor Frost.

- Ein Gewächshaus bietet wesentliche Vorteile. Der Bau lohnt sich nicht nur nach einem regenreichen Sommer.

- Die Obsternte erfordert gute Steighilfen. Beim Abernten der Obstbäume sind auch die fauligen Früchte zu beseitigen, denn sie sind oft die Ursache für Krankheiten.

- Lagern Sie Äpfel und Birnen in einem kühlen, dunklen Lager, so bleiben sie frisch.

- Bei Weinreben lohnt es sich, die Früchte freizuschneiden, sodass sie viel Sonne bekommen.

Tagetes sind als Sommerblüher bekannt. Die Jahresblumen lassen sich auch als Gründüngerpflanzen nutzen. Sie vertreiben schädliche Wurzelälchen.

- Sobald das Laub welk wird, beginnt die Erntezeit für Meerrettich, Schwarzwurzeln, Topinambur und andere mehrjährige Wurzelgemüse.

- Späte Gemüse wie Kohl, Kürbisse oder Sellerie vertragen geringen Frost, sie können bis zur Ernte auf den Beeten bleiben.

- Freie Beete bieten Platz für Salate; späte Sorten wählen!

- Von Ende August bis Anfang September ist noch Saatzeit für Feldsalat, ebenso ist Pflanzzeit für Endiviensalat – auch unter Glas!

- Im September ist die ideale Pflanzzeit für Bäume, Sträucher, Stauden, Gräser und Frühjahrszwiebeln.

- Schneiden Sie Bäume, Sträucher oder auch Hecken nicht zu spät, sonst werden sie vor dem Winter geschwächt! Außerdem bleiben sonst hässliche Kahlstellen in immergrünen Hecken bis zum nächsten Frühjahr sichtbar. Der Pflanzschnitt ist nötig, um den Jungpflanzen das Anwachsen zu erleichtern.

- Jetzt fällt eine Menge Material für die Kompostierung an. Man kann nicht genug davon haben, denn guter Gartenkompost ist der beste Bodenhilfsstoff.

- Nach der Saison sollten die Vogelnistkästen gereinigt werden. Die heimischen Vögel nehmen sie gern als Schlafplätze an.

Pflanzen des Monats

Blüten im Freien
Herbstaster, Herbstzeitlose, Fetthenne, Sommerflieder, Sommerheide, Sonnenhut, Sonnenblume, Sonnenauge, Rittersporn, Herbstanemone, Ziergräser, diverse Kübelpflanzen, Bartblume, Rosen, Fünffingerkraut, Hibiskus, Knöterich, Dahlie, Efeu und andere

Gemüse
Porree, Petersilie, Rettich, Kohlarten, Salat, Spinat, Kürbis, Mangold, Zwiebel, Möhre, Chinakohl, Kartoffel, Schnittknoblauch, Knollenfenchel, Bohne, Tomate, Paprika, Sellerie, Rote Rübe, Erbsen, Zucchini, Zuckermais, Pilze und andere

Obst
Äpfel, Birnen, Pflaumen, Pfirsiche, Monatserdbeeren, Kornelkirsche, Brombeeren, Heidelbeeren, Preiselbeeren, Himbeeren, Weintrauben, Feigen, Walnüsse, Haselnüsse, Esskastanien, Quitten, Zierquitten, Vogelbeeren (*Sorbus aucuparia* 'Moravica') und andere

Gründünger-Saatgut ist in verschiedenen Mischungen erhältlich.

Oktober

Die Gartensaison geht langsam mit einem leuchtenden Farbenspiel zu Ende. Noch reifen reichlich Früchte und Gemüse, die für den Winter eingelagert werden. Schon jetzt können neue Akzente für das nächste Jahr gesetzt werden: Zwiebelblumen und Stauden blühen im Frühjahr auf, wenn sie rechtzeitig in den Boden kommen.

Oktober | 141

Drahtmanschetten hindern Kaninchen am Abschälen der Baumrinde. Ein Weißanstrich schützt vor Rindenrissen.

Stammmanschetten gegen Wildverbiss

In Ortsrandlagen können Wildtiere den jungen Obstbäumen gefährlich werden. Hasen und Wildkaninchen machen sich im Winter an der noch recht zarten Rinde zu schaffen. Die Schäden können für die Bäumchen tödlich sein. Zum Schutz werden Manschetten aus Kunststoff oder Drahthosen angelegt.

Rosen richtig pflanzen

Edelrosen – alle Sorten von Teehybriden, Polyantha- und Floribundarosen (Beetrosen) sowie veredelte Strauch- und Kletterrosen – werden auf Wildrosen okuliert. Die Veredelungsstelle ist bei Jungpflanzen deutlich an einer Verdickung zu erkennen. Sie muss beim Pflanzen etwa 5 cm unter die Erdoberfläche kommen, damit sie frostsicher sitzt. Alle Rosen brauchen einen vollsonnigen Standort auf tiefgründigem, lockerem und nährstoffreichem Boden. Beetrosen tut zudem ein Frostschutz durch Anhäufeln mit Kompost und eine Auflage mit Reisig gut.

Einfache Bodentests

Die Ursache für einen Schädlingsbefall und für Krankheiten steckt oft im Boden, genauer gesagt, der Boden ist nicht für die betreffenden

Kürbisse sind sehr robust und reifen auf dem Beet nach.

Der Herbst ist die Zeit der Astern. Zudem reifen Grünkohl und andere späte Gemüsearten.

Pflanzen geeignet, sodass sie kümmern und anfällig sind. Vor der Pflanzung lohnt es sich deshalb, den Boden zu untersuchen oder analysieren zu lassen.

So kann man beispielsweise sauren Boden durch Aufkalken oder schweren Boden durch Aufsanden so verbessern, dass er den Bedürfnissen der Pflanzen entspricht.

Einfache Bestimmungen, die unter anderem den pH-Wert erkennen lassen, kann man leicht selbst durchführen. Die Test-Sets gibt es im Fachhandel.

Die Veredelungsstelle ist bei Edelrosen an einer deutlichen Verdickung erkennbar.

Beim Pflanzen muss die Veredelungsstelle unter der Erdoberfläche sitzen – anders als bei Obstbäumen!

Oktober | 143

Weißkohl ist ein typisches Herbst- und Wintergemüse. Er ist schmackhaft und stärkt die Gesundheit.

Bedarf wird ein neuer Komposter aufgestellt oder der reife Kompost im Garten verteilt, um Platz zu schaffen.

- Hohes Gras sollte noch gemäht werden, damit es im Winter nicht vom Schnee umgedrückt wird und verfault.

Gartenarbeit im Überblick

- Noch ist eine günstige Pflanzzeit für Bäume, Sträucher, Stauden, Gräser und Zwiebelblumen.

- Große, frisch gepflanzte Bäume sollten gepfählt und gebunden werden, damit sie windsicher anwachsen können.

- Vor den ersten strengen Frösten muss der Garten eingewintert werden. Bereiten Sie rechtzeitig Fichtenzweige, Strohmatten, Vliese und andere Schutzmaterialien vor.

- Rosen schützt man vor Frost am besten durch das Anhäufeln mit lockerer Erde.

- Von Sommerblumen kann man Samen ernten.

- Obst und Gemüse werden am besten bei etwa 5 °C und hoher Luftfeuchte gelagert, aber getrennt! Denken Sie an gelegentliches Lüften, denn dies bewahrt vor Fäulnis.

- Bei sonnigem Wetter reifen späte Obst- und Gemüsesorten noch gut aus.

- Jetzt kann man Frostspanner mit Leimringen fangen, die an den Obstbaumstämmen angelegt werden; danach abnehmen!

- Schwerer Boden wird während des Winters locker, wenn er nach dem Umgraben durchfrieren kann (Frostgare).

- Lassen Sie ruhig einige Laubhaufen im Garten liegen; unter Sträuchern stören sie nicht und bieten dem Igel und anderen Tieren Winterschutz.

- Vom Teich wird das schwimmende Falllaub abgefischt, bevor er zu Boden sinkt.

- Jetzt fällt eine Menge an kompostierbarem Material an. Bei

Pflanzen des Monats

Blüten im Freien
Bartblume, Säckelblume, Eibisch, Knöterich, Duftschneeball, Virginische Zaubernuss, Besenheide, Winterheide, Herbstaster, Efeu, Dahlie, Herbstanemone, Herbstmargerite, Silberkerze, Ziergräser, Herbstenzian, Fetthenne, Herbstzeitlose, Herbstkrokus

Gemüse
Topinambur, Feldsalat, Schwarzwurzel, Porree, Petersilie, Spinat, Radieschen, Rettich, Kopfsalat, Weißkohl, Rotkohl, Wirsing, Blumenkohl, Brokkoli, Kohlrabi, Rosenkohl, Grünkohl, Chinakohl, Mangold, Möhre, Eissalat, Kartoffel, Knollenfenchel, Bleichsellerie, Knollensellerie, Rote Rübe, Endivie, Kürbis

Obst
Äpfel, Birnen, Pflaumen, Brombeeren, Weintrauben, Feigen, Walnüsse, Haselnüsse, Esskastanien, Quitten, Zierquitten, Vogelbeeren (*Sorbus aucuparia* 'Moravica'), Hagebutten, Schlehen, Sanddorn, Holunder

November

Eine Winterpause brauchen nicht nur die Pflanzen im Freien, sie tut auch den Gärtnern gut. Wenn die nötigen Arbeiten wie das Pflanzen von Bäumen und Sträuchern, der Frostschutz bei empfindlichen Pflanzen und das Aufräumen der abgestorbenen Pflanzenteile verrichtet sind, kehrt Ruhe im Garten ein. Bei mildem Wetter sind weiterhin Bau- und Bastelarbeiten im Freien möglich.

Klare Tage sind im November selten. Meistens ist es neblig und nass-kalt. Der Kleingarten sollte rechtzeitig auf den Winter vorbereitet werden.

November | 145

Der beste Kompost entsteht in eigener Produktion. Im Handel ist auch Sackware erhältlich.

Kompostgaben fördern die Erträge erheblich. Besonders unter Glas kommt die Wirkung dem Gemüse zugute.

Bodenverbesserung im Gewächshaus

Kompost kommt jedem Boden zugute. Besonders im Gewächshaus, wo ja intensiver Anbau betrieben wird, wirken sich Kompostgaben günstig auf die Bodenstruktur und die Humus- und Nährstoffversorgung aus. Im Winter ist eine gute Gelegenheit zur Bodenverbesserung unter Glas.

Frühbeet als Gemüselager

Möhren, Kartoffeln, Kohl und andere Gemüse aus eigener Ernte bleiben frisch, wenn sie bei hoher Luftfeuchte kühl lagern. Ein leerer Frühbeetkasten bietet sich gut zur Aufbewahrung an. In den schützenden Wänden liegt das Gemüse frostfrei und dennoch kühl.

Falls nötig wird der Kasten zusätzlich mit Styropor oder Stroh gedämmt. Strohmatten dunkeln den Kasten ab und verhindern die Erwärmung.

Gartenarbeit im Überblick

- Frostempfindliche Pflanzen werden spätestens jetzt eingeräumt (Kübelpflanzen), locker eingepackt (zum Beispiel Hochstammrosen) oder frostsicher zugedeckt (empfindliche Kräuter, Rosen etc.).

- Noch ist Pflanzzeit für Gehölze; empfindliche Arten wie etwa Kiwis besser erst im Frühjahr pflanzen.

- Gehölze mit losen Wurzeln brauchen einen Pflanzschnitt, dann wachsen sie leichter an (Triebe etwa um die Hälfte einkürzen); Ballenpflanzen brauchen keinen Pflanzschnitt.

- Bei Frost und Wind fällt das meiste Laub zu Boden; erst dann lohnt es sich zu fegen.

- Jetzt fällt neben dem Laub eine Menge Material zum Ansetzen eines Komposthaufens an.

- Im Gemüsegarten werden die Beete geräumt, nur frostharte Gemüse bleiben draußen.

- Gemüse und Obst muss getrennt gelagert werden; günstig sind Temperaturen um etwa 5 °C und eine Luftfeuchte von etwa 80 Prozent (zum Beispiel in einer Erdmiete oder im Frühbeet).

Das Frühbeet kann als Naturlager dienen. In feuchtem Sand bleiben Karotten

- Walnüsse lagert man trocken; eventuell werden sie vorher gewaschen und abgebürstet, um Fruchtschalenreste und Erde zu beseitigen.

- Die Vögel finden noch genügend Nahrung; Sie können sie mit nur wenig Futter an die Futterstellen gewöhnen.

- Guter, lockerer Gemüseboden muss im Frühjahr nur gelockert werden. Graben Sie schweren Boden im Herbst jedoch grobschollig um, damit ihn der Frost mürbe macht.

Pflanzen des Monats

Blüten im Freien
Duftschneeball, Virginische Zaubernuss, Besenheide, Winterheide, Herbstzierkirsche (*Prunus subhirtella* 'Autumnalis'), Rosen, Fruchtschmuck bei Feuerdorn, Zierapfel, Felsenmispel, Eberesche, Berberitze, Wildrosen, Liebesperlenstrauch, Schneebeere, Schneeball

Gemüse
Rosenkohl, Grünkohl, Kohlrabi, Weißkohl, Rotkohl, Wirsing, Blumenkohl, Brokkoli, Chinakohl, Topinambur, Feldsalat, Kopfsalat, Schwarzwurzel, Porree, Petersilie, Pastinake, Spinat, Lagergemüse wie Möhre, Zwiebel, Kartoffel, Sellerie, Rote Rübe, Kürbisse

Obst
Walnüsse, Haselnüsse, Esskastanien, Äpfel, Birnen, Quitten, Zierquitten, Mispeln, Hagebutten, Sanddorn, Schlehen

und andere Lagergemüse frisch.

Dezember

Der erste Wintermonat bringt gewöhnlich noch wenig Schnee und keine strengen Fröste. Meistens prägt nasses, trübes Wetter die kurzen Tage. Bessere Aussichten lässt die Wintersonnenwende Ende Dezember erwarten.

Lager lüften

Äpfel, Birnen, Quitten sowie Kürbisse, Krautköpfe, Kartoffeln und anderes Obst und Gemüse lassen sich lange lagern, wenn sie kühl, dunkel und bei hoher Luftfeuchte aufbewahrt werden. Wichtig ist jedoch eine gute Lüftung, damit die Reifegase abziehen können. Bei der regelmäßigen Kontrolle werden schimmelige Früchte ausgemustert. Das gilt auch für Blumenzwiebeln im Lager.

Pflanzenschutzmittel richtig entsorgen

Auch Insektizide (Mittel gegen Insekten), Herbizide (gegen Kräuter) und Fungizide (gegen Pilze) sind nur begrenzt haltbar. Verdorbene und unwirksame Mittel oder auch Reste gehören aber keinesfalls in die Mülltonne! Sie müssen als Sondermüll entsorgt und in Spezialöfen verbrannt werden. Andernfalls gelangen die Giftstoffe in den Boden oder in die Luft, wo sie Schaden anrichten können.

Nach dem Einlagern der Gemüse müssen die Fenster verdunkelt werden, zum Beispiel mit Rohrmatten, Sackleinen oder Brettern.

Gartenarbeit im Überblick

- Falls noch nicht geschehen, bekommen empfindliche Gartenpflanzen einen Frostschutz.

- Noch ist Zeit zum Umgraben von Rasenstücken, wenn der Gemüsegarten erweitert werden soll. Das Gras verrottet dann bis zum Frühjahr.

- Blütenzweige, zum Beispiel von Forsythien, die am Monatsanfang geschnitten und in eine Vase gestellt werden, blühen etwa an den Weihnachtstagen auf.

- Hauptwege müssen unbedingt eis- und schneefrei gehalten werden, deshalb rechtzeitig Schneeräumer und Splitt bereitstellen.

Dezember

- Eine Eisdecke auf dem Teich schadet nicht; allerdings sollte sie nicht betreten werden, denn das stört die Fische!

- Vergessen Sie nicht, frostempfindliche Wassergefäße und Leitungen zu leeren.

- Der Frost macht den Grünkohl zart; jetzt ist Saison für dieses Wintergemüse. Aus dem Glashaus kommt frischer Feldsalat.

- Unter Laub- und Reisighaufen schlafen Igel und andere Winterschläfer; bitte nicht stören!

Pflanzen der Saison

Blüten und Fruchtschmuck im Freien
Herbstzierkirsche, Winterheide, Winterschneeball (*Viburnum fragrans*), Winterjasmin (bei mildem Wetter), Fruchtschmuck bei Felsenmispel, Feuerdorn, Zierapfel, Wacholder, Liguster, Eberesche, Berberitze, Wildrosen, Liebesperlenstrauch, Schneebeere, Schneeball, Pfaffenhütchen, Zierquitte

Gemüse
Kohlarten, Porree, frostharte Wurzelgemüse wie Schwarzwurzel, Topinambur, Petersilie, Pastinake, Gemüse aus dem Glashaus wie Feldsalat, Eissalat, Spinat, Gemüse aus dem Lager wie Rote Bete, Zwiebel, Möhren, Sellerie, Kürbis und einige andere

Obst
Sanddorn, Schlehen, Zierquitten, Hagebutten, Walnüsse, Haselnüsse, Esskastanien, Äpfel, Birnen, Quitten, Mispeln

Schnee ist ein gutes „Frostschutzmittel". Die Gewächshausscheiben müssen jedoch frei bleiben, wenn noch Gemüse unter Glas kultiviert werden soll.

Schrebergarten in der Praxis

Obst – Auswahl, Pflanzung, Pflege

Gemüse – Anzucht, Kultur, Ernte, Verwertung

Kräuter im Kleingarten

Zierpflanzen – Gehölze, Stauden, Sommerblumen

Rasen und Wiese

Obst – Auswahl, Pflanzung, Pflege

Die Entscheidung für Obst im Garten dürfte in Erwartung auf reiche Ernten recht leicht fallen. Sie machen im Vergleich zu anderen Pflanzen nicht allzu viel Arbeit, zudem sind Obstgehölze willkommene Schattenspender und Zierpflanzen – denken Sie nur an die Blütenfülle im Frühjahr.

Welche Arten und Typen gepflanzt werden, ist eine Frage des Geschmacks und der Vorlieben. Von der Größe des Gartens hängt es ab, wie viele Obstbäume und -sträucher Sie anpflanzen können. Immerhin machen die kleinbleibenden Züchtungen, insbesondere Apfel- und Birnenbuschbäume auf schwachwachsenden Unterlagen, die Pflanzung verschiedener Sorten möglich. Eine günstige Sortenwahl ist auch sinnvoll, um den Ertrag zu verlängern. Bei Äpfeln und bei Birnen sind jeweils drei Sorten empfehlenswert und zwar die Kombination aus einer Sommer-, einer Herbst- und einer Wintersorte. Das könnten etwa beim Apfel ein 'James Grieve', eine 'Goldparmäne' und ein 'Boskoop' sein. Bei Birnen ist beispielsweise 'Williams Christ' als frühe Sorte zu empfehlen, 'Gellerts Butterbirne' als Herbstsorte und 'Gräfin von Paris' als späte Lagerbirne. Damit hat man bereits im Sommer Früchte von eigenen Kernobstbäumen, ebenso den Herbst und den ganzen Winter hindurch. Auch beim Steinobst ist eine Sortenmischung günstig. Wenn der Platz für mehrere Bäume nicht reicht, können natürlich auch mehrere Sorten auf ein Exemplar veredelt werden. Häufig gibt es Bäume mit zwei Sorten auch in der Baumschule oder im Gartencenter zu kaufen.

'Idared' hat sich als vorzügliche Apfelsorte bewährt. Die Kreuzung aus 'Jonathan' und 'Wagnerapfel' aus dem Jahr 1930 trägt saftige Lageräpfel mit feinem Aroma.

Erntekalender: Apfel (Malus domestica)		
Sorte (Auswahl)	**Pflückreife**	**Genussreife**
Alkmene	September	September bis November
Berlepsch	Oktober	November bis April
Boskoop	Oktober	November bis April
Brettacher	Oktober	Januar bis Juni
Cox Orange Renette	September	Oktober bis März
Discovery	August	August bis September
Elstar	September	September bis März
Geheimrat Oldenburg	September	September bis November
Gloster	Oktober	Dezember bis März
Golden Delicious	Oktober	Oktober bis Juli
Goldparmäne	September	September bis Dezember
Gravensteiner	August	August/September
Idared	Oktober	Dezember bis April
Ingrid Marie	September	Oktober bis März
Jakob Fischer	September	September bis November
Jamba	August	August bis Oktober
James Grieve	August	August bis September
Jonagold	Oktober	Oktober bis Mai
Jonathan	September	November bis Mai
Kaiser Wilhelm	Oktober	November bis Februar
Klarapfel	Juli	Juli bis August
McIntosh	September	September bis März
Melrose	Oktober	November bis Mai
Ontario	Oktober	Dezember bis Mai
Winterglockenapfel	Oktober	Januar bis Juni
Winterrambur	Oktober	Dezember bis März
Zabergäu	Oktober	November bis März
Zuccalmaglio	Oktober	November bis März

Erntekalender: Birne (Pyrus communis)		
Sorte (Auswahl)	Pflückreife	Genussreife
Alexander Lucas	September	Oktober bis Januar
Boscs Flaschenbirne	September	Oktober bis Februar
Clapps Liebling	August	August bis September
Conference	September	September bis April
Frühe aus Trévoux	August	August
Gellerts Butterbirne	September	September bis November
Gräfin von Paris	Oktober	November bis Februar
Gute Luise	September	September bis Oktober
Köstliche aus Charneu	September	Oktober bis Februar
Madame Verté	Oktober	Dezember bis April
Pastorenbirne	September	Oktober bis Januar
Tongern	September	September bis Januar
Triumph von Vienne	September	September bis Oktober
Vereinsdechantsbirne	September	September bis Januar
Williams Christ	August	August bis Oktober

Gestaltungsideen

Einige Obstgehölze haben in jedem Garten Platz, zumal sich Spalierbäume sogar an Wänden ziehen lassen. Apfel- und Quittenbäume sind hinsichtlich der Lage wenig empfindlich. Sie gedeihen auch auf schattigen Nordseiten. Birnen brauchen sonnige Plätze, ebenso Steinobstbäume allgemein.

Die Sorte 'Conference' aus dem Jahr 1885 ist sehr empfehlenswert.

Apfelspindelbüsche brauchen wenig Platz. Sie müssen aber auf schwachwachsende Unterlagen veredelt sein (hier durch Okulation am Wurzelhals).

Ein Apfelhochstamm ist ein schöner Hausbaum. Er braucht aber genügend Raum zur Entwicklung seiner großen Krone. Nach der Erziehung in den ersten Jahren, ist nur noch ein regelmäßiger Auslichtungsschnitt nötig.

Der Pflanzabstand richtet sich nach der Wuchsstärke und nach der endgültigen Größe, so benötigen Buschbäume entsprechend weniger Raum als Hochstämme. Apfelbuschbäume erreichen beispielsweise einen Kronendurchmesser von etwa 3 bis 4 m, Hochstämme können im Alter durchaus eine 10 m hohe und weit ausladende Krone entwickeln. Die verfügbare Fläche muss also günstig aufgeteilt und so bepflanzt werden, dass auch nach Jahren noch ein lichter Obstgarten besteht. Am besten lässt sich die Fläche durch eine Pflanzung im Verband nutzen. Dazu werden mehrere Reihen angelegt, wobei die Bäume der zweiten Reihe jeweils in Lücken zur ersten Reihen kommen, die der dritten Reihe in Lücken zur zweiten und so weiter. Bei der Pflanzung verschiedener, hoher und niedriger Gehölzarten wird von Nord nach Süd abgestuft, die hohen kommen nach hinten, die kleinen nach vorn, sodass alle gut besonnt werden.

Obst – Auswahl, Pflanzung, Pflege

BdB-Regeln

Nach dem Bund deutscher Baumschulen (BdB) gelten für Obstgehölze festgelegte Richtlinien. Die dieser Dachorganisation angeschlossenen Baumschulen sind verpflichtet, bestimmte Erziehungsregeln einzuhalten und die Jungpflanzen in einheitliche Wuchsformen zu bringen. Dazu werden sie in Reihen gepflanzt („aufgeschult") und nach dem Anwachsen zunächst veredelt. Danach beginnt die Erziehung zu kleinen Formen (zum Beispiel Buschbäumchen) oder Hochstämmen. Dementsprechend können Sie wählen: Für Obsthecken oder kleine Gruppen kommen nur Bäumchen mit niedrigen Kronen in Frage, als hoher Hausbaum eignet sich dagegen nur ein Hochstamm.

Die Stammhöhe wird vom Erdboden aus bis zum untersten Kronenast gemessen. Sie soll betragen bei:

Buschbäumen	40–60 cm
Niederstämmen	80–100 cm
Halbstämmen	100–120 cm
Hochstämmen	160–180 cm

> *Gärtnertipp*
>
> Achten Sie beim Kauf auf Gütesiegel. Jeder Baum aus einer Qualitätsbaumschule hat ein Papieretikett, auf dem die Sorte (zum Beispiel 'Jonagold'), die Veredelungsunterlage (zum Beispiel Typ M 11) und weitere Eigenschaften, wie „virusgeprüft", abgedruckt sind. Schon allein das BdB-Siegel bürgt für eine gewisse Qualität, da nur dazu berechtigte Baumschulen ihre Gehölze damit kennzeichnen dürfen.

Große Krone einer Süßkirsche

Eine Obsthecke ist im Prinzip ein frei stehendes Spalier. Zur Formgebung können Spannseile oder Drähte nützlich sein, die an Pfosten montiert werden.

Obstspaliere

Weinreben, Kiwis, Aprikosen und andere Obstgehölze wachsen, blühen und fruchten besonders gut an sonnigen Wänden. Zur Erziehung dienen einfache Spaliere.

Tipp

Spaliere kommen auch für Wände in Frage, die sich nicht mit selbstklimmenden Kletterpflanzen begrünen lassen, beispielsweise wenn Gebäudeschäden zu befürchten sind oder wenn ein spezieller Putz den Kletterpflanzen keinen Halt gibt.

Grundsätzlich lassen sich alle Obstgehölze als Spalierpflanzen ziehen.

Allerdings entwickeln großkronige Arten ein ausladendes Geäst, das große Wandflächen benötigt. Zur Begrünung von gewöhnlichen Wänden oder Gartenmauern eignen sich deshalb kleinkronige Züchtungen besser, die auf schwachwachsende Unterlagen veredelt sind. Dazu gehören beispielsweise Birnen auf Quitten, Spindelbuschbäumchen vom Apfel oder schwachwachsende Aprikosen-Veredelungen.

Zudem haben sich Weinreben und Kiwis bewährt, die zwar von Natur aus ziemlich stark wachsen, sich aber durch den Schnitt kompakt halten lassen. Natürlich dienen diese und andere Spalierbäumchen nicht nur zur Begrünung, sie sollen auch reichlich gutes Obst tragen.

Vorhandene alte Bäume erhalten

Alte Nussbäume oder gute Apfelsorten sind stets wertvoll und erhaltungswürdig. Immerhin dauert es viele Jahre, bis neu gepflanzte Exemplare ins ertragsfähige Alter kommen. Außerdem tragen alte Bäume oft besondere Sorten, die nicht mehr zu bekommen sind. Versuchen Sie also bei der Übernahme einer alten Gartenparzelle, vorhandene Obstbäume zu erhalten. Selbst teilweise morsche Bäume haben ihren Wert als Nisthöhlen für Vögel oder andere Nützlinge. Sie können immer noch gefällt werden, wenn sie

Das Holz der Aprikosen ist frosthärter und stabiler als das von Pfirsichbäumen. Sie blühen schon ab März. Probleme macht die Scharka-Krankheit, die ein rasantes Zweigsterben verursacht.

verfallen. Bis dahin haben sich auch die Jungpflanzen entwickelt.

Containerpflanzen

Dank der Obstgehölze in Töpfen, sogenannter Containerpflanzen, ist deren Pflanzung fast das ganze Jahr möglich. Früher konnte nur in den typischen Pflanzzeiten im Frühjahr und Herbst Obst in den Garten geholt werden, weil nur in dieser Zeit das Ausgraben möglich ist. Containerpflanzen dagegen sind jederzeit versetzbar, sie brauchen nur ausgetopft und eingepflanzt zu werden.

Im Übrigen haben Sie mit diesen Jungpflanzen einen Vorsprung, denn sie benötigen – anders als Gehölze mit losen Wurzeln – keinen Pflanzschnitt. Die Wurzeln bleiben unbeschädigt und können weiterhin aus dem vollen schöpfen, um die Kronen oder Büsche zu versorgen.

Bei Pflanzen mit losen Wurzeln dagegen ist ein kräftiger Rückschnitt unverzichtbar, weil sie andernfalls schlecht anwachsen. Natürlich bekommen auch Containerpflanzen den nötigen Schnitt, um eine gewünschte Formgebung einzuleiten. In den meisten Fällen genügt es, nur einige störende Triebe zu entfernen.

Containerpflanzen sind fast das ganze Jahr erhältlich – hier schlanke Spindeln oder sogenannte Ballerinas. Im Herbst ist es möglich, vor dem Kauf die Früchte zu probieren.

Wurzelnackte Pflanzen

Containerpflanzen sind teurer als Pflanzen ohne Ballen. Diese lassen sich jedoch nur in bestimmten Pflanzzeiten, insbesondere im Frühjahr und im Herbst einsetzen. Dabei müssen die Triebe stark zurückgeschnitten und lange Wurzeln eingekürzt werden, sonst wachsen sie schlecht oder gar nicht an. Infolge des Rückschnitts treiben sie bei günstigen Bedingungen aber kräftig aus und holen den Vorsprung der Containerpflanzen in wenigen Jahren auf.

Für alle Pflanzen ist es wichtig, dass sie ebenso tief in den Boden kommen, wie sie es in der Gärtnerei gewesen sind. Bei zu tiefer Pflanzung faulen sie leicht und bei zu hoher Pflanzung wachsen sie schlecht an, weil wichtige Wurzeln vertrocknen.

Hierbei orientiert man sich am sogenannten Wurzelhals, das ist die Übergangsstelle von den Wurzeln zum Stamm oder Geäst. Bei allen veredelten Obstgehölzen wie beispielsweise bei Kirschen, Äpfeln oder Birnen bleibt die Veredelungsstelle über dem Boden! Sie ist an einer deutlichen Verdickung zu erkennen.

Anwachshilfen

Die beste Anwachshilfe nach der Pflanzung ist tüchtiges Einschlämmen, dabei wird durch reichliches Angießen ein Bodenschluss erreicht. Das heißt, alle Hohlräume werden mithilfe des Wasserstrahls mit Erde gefüllt, sodass alle Wurzeln Bodenkontakt haben. Eine Gießmulde, die rundherum mit Erde geformt wird, erleichtert die Bewässerung.

Kleine Sträucher wachsen nach der Pflanzung zügig an. Großgehölzen hilft es jedoch sehr, wenn sie mit Pfählen gestützt werden, weil sie der Wind sonst ständig drückt und die

Eine sichere Pfählung nach der Pflanzung (hier eine Süßkirsche) verhindert, dass die feinen Faserwurzeln immer wieder losgerissen werden.

Obst – Auswahl, Pflanzung, Pflege | 161

frischen Wurzeln immer wieder abreißt. Je nach Größe bekommen sie einen oder mehrere Stützpfähle.

Bei Ballenpflanzen dürfen die Wurzelballen beim Schlagen der Pfähle nicht beschädigt werden! Sie kommen schräg oder in ausreichendem Abstand in die Erde. Straffe Stricke halten die Stämme sicher an den Pfählen fest. Lose Stricke schaden mehr als sie nützen, weil sie keinen festen Stand gewährleisten und Scheuerwunden verursachen! Keinesfalls darf vergessen werden, die Stricke nach dem Anwachsen der Gehölze wieder zu lösen. Sonst schneiden sie mit zunehmendem Dickenwachstum in die Rinde ein und schnüren die Stämme ab.

Obst selber ziehen

Die Vermehrung der Obstgehölze ist verhältnismäßig langwierig, insbesondere die Anzucht von Obstbäumen dauert einige Jahre. Das gilt für die Vermehrung sowohl durch Aussaat als auch durch Veredelung gleichermaßen. Die Aussaat lohnt sich ohnehin nur bei sehr wenigen Arten, wie etwa Walnussbäumen, Haselbüschen, Pfirsichbäumchen und einigen anderen, bei denen Sämlinge brauchbares Obst tragen.

Das Gros der Obstgehölze wird ungeschlechtlich, also nicht durch Aussaat, sondern durch Veredelung vermehrt. Dadurch lassen sich gute Mutterpflanzen beliebig vervielfältigen. So stammen übrigens auch bestimmte Sorten, wie der 'Boskoop' von einem einzigen Stammbaum ab – die Nachkommen wurden weltweit nur durch Veredelung verbreitet.

Hier wurden getopfte Unterlagen durch die sogenannte Winterhandveredelung im Gewächshaus gepfropft.

Pfropfen

Die einfachste Frühjahrsveredelung ist das Rindenpfropfen. Dabei wird ein Edelreis, das ist ein kurzes Triebstück mit etwa fünf Knospen, hinter die Rinde der Unterlage gesteckt. Die Unterlage kann beispielsweise ein wildes Obstbäumchen sein, das im Garten aufgegangen ist. Es wird vorher in der bestimmten Kronenhöhe abgeschnitten.

Dann ritzt man die Rinde ein und klappt die beiden Rindenlappen auseinander. Jetzt lässt sich das Edelreis, das unten lang und schräg angeschnitten wurde, hinter die Rinde stecken.

Nach dem Verbinden mit Bast und dem folgenden Versiegeln mit Baumwachs wächst das Edelreis – mit etwas Glück – an und entwickelt sich zu einer Krone, die genau dieselben Früchte trägt, wie der Baum, von dem es geschnitten wurde.

Von Natur aus lassen sich Triebe von Apfelbäumen nur auf Apfelwildlinge pfropfen, Kirschen auf Kirschen und so weiter. Veredelte Jungpflanzen aus der Baumschule sind an einer Verdickung am Stamm leicht zu erkennen. Wenn Sie mit dieser Vermehrungsmethode nicht vertraut sind, können Sie Ihre Bäume auch veredeln lassen. Fragen Sie bei einer Baumschule nach, der Gärtner übernimmt dies (für einen entsprechenden Unkostenbetrag) sicher gern.

Der Austrieb zeigt, dass alle Reiser angewachsen sind. Zudem bringt die Unterlage neue Wildtriebe hervor.

So wird gepfropft

1 Nach dem Abwerfen der alten Krone muss man die Rinde mit dem Messer nachschneiden.

2 Am Edelreis erfolgt gegenüber einer Knospe ein langer schräger Schnitt.

3 Der lange Kopulationsschnitt bietet eine große Fläche zum Anwachsen.

4 An der Unterlage muss die Rinde bis zum Holz eingeschnitten werden.

Obst – Auswahl, Pflanzung, Pflege | 165

So wird gepfropft

5 Nach dem Aufklappen der saftführenden Rindenlappen wird das Reis tief eingeschoben.

6 Bei einer dicken Unterlage verbessern zwei bis drei Reiser die Anwachschancen.

7 Ein Bastverband schafft festen Kontakt der Veredelungspartner.

8 Das Verstreichen mit Wachs oder künstlicher Rinde schützt vor Nässe oder Austrocknung.

Okulation

Gute Obstsorten, die gezielt durch Züchtung entstanden sind, wie 'Golden Delicious', oder als Zufallssämlinge gefunden wurden (zum Beispiel der 'Boskoop') lassen sich gezielt vermehren. Dazu sind keine Genmanipulationen nötig, sondern bewährte Veredelungsmethoden, die schon von den alten Ägyptern benutzt wurden.

Eine Sommerveredelung, die Okulation, dient unter anderem zur Vermehrung von Jungpflanzen oder auch zum Aufsetzen einer zweiten Sorte auf einen bereits bestehenden älteren Baum. Das kann eine Süßkirschensorte sein, die einen Befruchter braucht, aber ebenso eine zweite Sorte für einen Apfelbaum.

Der Vorteil der Sommerveredelung ist, dass die Edelreiser direkt vor der Aktion geschnitten werden können, eine Lagerung ist nicht nötig. Als Mutterpflanzen dienen ausgewählte Bäume, die offensichtlich gesund sind und gute Früchte tragen. Hierfür bietet sich der Sommer an, zumal jetzt die Früchte reifen.

Geeignet als Reiser sind kräftige Triebe, die sich im gleichen Sommer entwickelt haben. Sie werden in ein feuchtes Tuch eingeschlagen und unverzüglich an den Ort der Veredelung transportiert. Die ausgewählte Unterlage, also etwa ein junger Obstsämling oder ein bereits vorhandener Baum im Garten, bekommt nun ein Auge von diesem Edeltrieb eingesetzt.

Dazu wird der Trieb zunächst entblättert. Für alle Schneidarbeiten benötigen Sie ein gut geschärftes Messer, am besten ein spezielles Okuliermesser. Die Augen, also Knospen, sitzen jeweils in einer Blattachsel. Sie werden so vom Trieb abgetrennt, dass ein kleiner Rindenanteil erhalten bleibt. Das gelingt, indem das Messer flach angelegt und durchgezogen wird.

Schon vorher wurde die Unterlage, also der zu veredelnde Baum vorbereitet. Dazu wurde die Rinde an einer passenden Veredelungsstelle t-förmig eingeschnitten und mit dem Messerrücken oder einem speziellen Rindenlöser vorsichtig vom Holz gelöst. Das geschnittene Edelauge lässt sich nun hinter die Rin-

So wird okuliert

1 Nach dem Entblättern des Edelreises (Blattstielchen bleibt erhalten) ein Auge mit Rindenanteil schneiden.

2 Das Auge (Knospe mit Blattstielchen und Rindenanteil) mit dem Messer vom Holz abziehen.

Obst – Auswahl, Pflanzung, Pflege | 167

So wird okuliert

3 Die Rinde an der saftführenden Unterlage t-förmig einschneiden und Rindenlappen aufklappen.

4 Das Auge hinter die Rinde schieben. Dabei nur an der Rindenzunge festhalten.

5 Wenn das Auge tief eingeschoben ist und fest sitzt, die Rindenzunge abschneiden.

6 Nach dem Andrücken der Rindenlappen mit Bast verbinden (das Auge muss frei bleiben!).

denlappen einschieben. Das muss ohne Berührung der Schnittstellen geschehen!

Nach dem Verbinden mit einem Veredelungsgummi oder auch mit Bast und Baumwachs wachsen mit etwas Glück beide Partner zusammen. Natürlich verbessern sich die Anwachschancen, wenn mehrere Augen eingesetzt werden.

Stecklinge

Johannis- und Stachelbeerbüsche sind einfach durch Stecklinge zu vermehren. Dazu schneidet man im Sommer, ungefähr ab Ende Juni, ausgereifte Triebe, steckt diese, nachdem die unteren Blätter entfernt wurden, in Töpfe mit lockerem Anzuchtsubstrat (zum Beispiel ein Sand-Erde-Blähton-Gemisch) und stülpt Gläser oder Folien darüber. Sie bilden in wenigen Wochen Wurzeln, können dann umgetopft und schon im Herbst ausgepflanzt werden.

Bei schwachen Pflanzen ist eventuell ein Frostschutz nötig. Auf diese Art ist es möglich, zur Reifezeit der Früchte gute Sorten (gesunde Pflanzen mit besonderen Früchten) auszuwählen und für den eigenen Garten zu gewinnen. Sie ersetzen in einigen Jahren die weniger guten, kranken oder vergreisten Pflanzen.

Steckholz

Johannis- und Stachelbeersorten sowie Holunderbeerbüsche lassen sich durch Steckhölzer problemlos vermehren. Dies empfiehlt sich vor allem bei guten Sorten. Dazu schneidet man im Winter junge Triebe, kürzt sie auf Scherenlänge ein und steckt sie in tiefe Töpfe mit sandigem Substrat.

Dabei muss man darauf achten, dass nur die oberste Knospe über der Erde sitzt, die anderen stecken im Boden. Sie bilden dadurch keine Triebe, sondern Wurzeln. Die Steckhölzer wachsen oft noch vor dem Frühjahr an und lassen sich dann auspflanzen.

Die Steckholzvermehrung gelingt auch bei Weinreben. In Weinbaugebieten dürfen aber nur reblausresistente Reben gepflanzt werden!

Am besten eignen sich reife Triebspitzen von gesunden Mutterpflanzen.

Obst – Auswahl, Pflanzung, Pflege | 169

Zum Stecken dienen einjährige Triebe. Sie werden in Steckhölzchen zerteilt und in Töpfe mit Erde gesteckt

Bis zum Herbst bilden die Steckhölzer der Weinreben viele Faserwurzeln. Sie werden ausgetopft und eingepflanzt.

Ableger

Weitere gute Vermehrungsmöglichkeiten bieten Ableger. Bei Brombeeren beispielsweise werden junge Triebe zu Boden gedrückt, die nach dem Anwachsen abgetrennt und umgepflanzt werden. Erdbeeren bilden ohne Zutun selbst bewurzelte Ausläufer, die ebenfalls als Jungpflanzen genutzt werden können. Himbeeren treiben Wurzelausläufer, die sich ausgraben und umsetzen lassen.

Bei Haseln und Beerensträuchern gelingt die Vermehrung durch Anhäufeln. Das geschieht im Frühjahr und muss mehrmals wiederholt werden, sobald die Erde zusammensackt. Dazu wird etwa 20 bis 30 cm hoch lockere Erde in die Büsche geschüttet. Bis zum Herbst bilden die jungen Triebe Wurzeln. Die gut bewurzelten Triebe können abgetrennt und umgepflanzt werden, unbewurzelte bleiben noch bis zum nächsten Jahr am Strauch.

Gehölze schneiden

In der winterlichen Vegetationspause vertragen Bäume und Sträucher den Schnitt am besten. Die Schnittwunden „bluten" nicht, dennoch werden sie mit Korkzellen verschlossen, denn auch in der sogenannten Saftruhe fließt etwas Saft. Der Schnitt ist unter anderem zur Erziehung junger Kronen, zur Verjüngung alter Gehölze oder zur Behandlung natürlicher Verletzungen nötig und die wahrscheinlich wichtigste Pflegemaßnahme für Obstgehölze.

Anders als Bäume und Sträucher in freier Natur, die nicht gepflegt werden und deshalb oft nicht den idealen Habitus (Gestalt) haben oder vorzeitig vergreisen, lassen sich Gartengehölze optimal erziehen und in Form halten. Das gilt sowohl für Obstbäume als auch für Sträucher, die durch den Schnitt ertragreich bleiben.

Wild wachsende Gehölze und Gartengehölze haben gemeinsam, dass sie Schäden etwa durch Windbruch, Frost oder Wildverbiss vertragen und selbst heilen, in dem sie Wundgewebe entwickeln. Doch Verletzungen sind immer schädlich, weil sie Kraft kosten und Eintrittspforten für Krankheiten darstellen, insbesondere für Pilzkrankheiten. Deshalb sollten sie vermieden oder zumindest möglichst klein gehalten und künstlich verschlossen werden.

Durch gezielte kleine Eingriffe lassen sich große Verletzungen umgehen, zumal gut erzogene, lichte Kronen und Büsche stabiler und gesünder sind als willkürlich wachsende und ungepflegte. Steile Triebe beispielsweise entwickeln sich zu steilen Ästen und bilden sogenannte Zwisteln (Astgabeln), wo sich Schnee staut und Regenwasser sammelt. Die Folgen sind zunächst Fäulnis und schließlich das Ausschlenzen (Ausbrechen) dieser Äste, wenn man das nicht durch rechtzeitiges Ausschneiden verhindert. In gleicher Weise lassen sich die Kronen und Büsche licht halten.

Sind zu eng stehende Zweige entfernt, trocknen die Äste nach einem Regen rasch und sind weniger empfindlich für Pilzinfektionen. Krankes Holz ist ohnehin zu beseitigen. Das Auslichten sorgt außerdem für eine Verjüngung, da die Entwicklung jun-

Eine von der Pflanzung an gut erzogene Krone ist einfach zu pflegen. Das pyramidale Kronengerüst ist bereits festgelegt.

Der Schnitt beschränkt sich auf das Ausschneiden aller steilen und störenden Triebe und auf das Ablenken der Seitentriebe auf Außenaugen.

ger Triebe durch das gelegentliche Entfernen einiger alter Äste besonders gefördert wird.

Naturnaher Schnitt

Anders als etwa im Obstbau, wo die Bäume durch den Schnitt zu Höchstleistungen getrieben werden (was jedoch auch ihren raschen Abbau und eine beschleunigte Alterung zur Folge hat), geht es im Schrebergarten darum, schöne, gesunde und vor allem naturnahe Kronen und Büsche zu erziehen und zu bewahren. Der naturnahe Schnitt maßregelt die Gehölze nicht, sondern er fördert ihre Entwicklung je nach Art. Während etwa Nussbäume wenig geschnitten werden, weil sie es ohnehin kaum benötigen und auch schlecht vertragen, bekommen beispielsweise Weinreben durchaus einen kräftigen Rückschnitt, damit sie vital bleiben. Das Gros der Gehölze wird jedoch nach der Erziehung kaum noch behandelt.

Sägeraue Wunden mit dem Messer nachschneiden – insbesondere die Wundränder.

Wundbehandlung

Schnittstellen sind offene Wunden und schädlich, zumal ihre Abschottung den Baum Kraft kostet. Um die Wundheilung zu fördern, ist beim Schnitt und danach einiges zu beachten. Wesentlich ist, dass jeweils an der richtigen Stelle geschnitten wird.

Störende Äste und Zweige werden vorzugsweise am Astring abgetrennt. Der „Astring" ist eine bei den meisten Gehölzen deutlich sichtbare Wulst, die den Ast oder Zweig direkt an der Austriebstelle umringt. Hier ruhen teilungsfähige Gewebezellen, die aktiv werden und die Schnittstelle zügig überwallen, wenn

Die Abschottung mit teilungsfähigen Zellen erfolgt vom Astring ausgehend.

der Ast unmittelbar an dieser Stelle abgetrennt wird. Der Astring selbst darf dabei nicht verletzt werden!

Dicke Äste trennt man deshalb zunächst mit der Säge ab und schneidet die Schnittstelle anschließend mit einem Messer nach: Glatte Wunden heilen schneller als raue, rissige Sägewunden. Damit der Ast nicht ausschlenzt, wird er stückweise abgeschnitten und dann erst am Astring abgetrennt.

Auch bei Gehölzen, die keine deutlichen Astringe bilden, ist der Schnitt knapp am Stamm beziehungsweise an der Austriebstelle günstig. Zapfen oder Stummel dürfen nicht stehen bleiben, weil sie die Wundüberwallung verhindern! Ein Wundverschlussmittel ist nicht nötig. Keinesfalls darf die künstliche Rinde auf krankes Holz aufgetragen werden. Sonst schützt es die Schadpilze, die darunter weiter wuchern.

Weitere nützliche Pflegearbeiten neben dem Schnitt und der Wundbehandlung sind der Weißanstrich bei jungen Bäumen gegen Rindenrisse, der Schutz vor Wildverbiss, das Pfählen und Binden nach dem Pflanzen als Anwachshilfe und natürlich das Lösen straffer Stricke nach dem Anwachsen.

Termine – Die beste Zeit zum Schneiden
Milde Wintertage von Dezember bis Ende Februar/März bieten sich zum Schneiden der Gehölze an, da in dieser Zeit die Wunden nicht bluten. Je nach Wetter und Gehölzart kommt der Saftfluss früher oder später in Bewegung, so quillt beim Wein und der Kiwi oft schon im Februar der Pflanzensaft aus den Wunden. Sie sind entsprechend früh zu schneiden. Apfelbäume nehmen dagegen noch im März einen Schnitt ohne Schaden hin.

Außer in der Saftruhe im Winter sind kleine Eingriffe im Sommer möglich. Beim Sommerschnitt, ungefähr Ende Juni, lassen sich junge störende Triebe vorzeitig beseitigen und erhaltenswerte Triebe korrigieren.

Pflanzenschutz

Der beste Schutz der Obstgewächse ist eine gute Sortenwahl. Obwohl im Hausgarten auch beliebte alte Sorten gewünscht werden, sollten vor-

Die alten Weinsorten haben oft mit Mehltau zu kämpfen. Die neuen Züchtungen sind robuster.

zugsweise robuste Züchtungen zum Einsatz kommen. Wählen Sie etwa bei Stachelbeeren neue, mehltaufreie Züchtungen oder auch bei Weinreben resistente Sorten. Am besten sind Sie mit Pflanzen aus heimischen Baumschulen bedient, die das Klima der Region vertragen. Wenn Sie empfindliche Gewächse wie zum Beispiel Pfirsichbäumchen haben möchten, müssen Sie für den nötigen Frostschutz sorgen.

Wichtig ist auch die ideale Vorbereitung des Bodens. Bei hoher Qualität und passender Zusammensetzung haben die Obstpflanzen kaum mit Krankheiten und Schädlingen zu kämpfen oder werden selbst damit fertig. Ein gewisser Befall, etwa von Blattläusen erfordert keine Mittel. Meistens fallen natürliche Feinde wie Marienkäfer über die Schädlinge her. In diesem Sinne ist es auch günstig Nisthilfen für Nützlinge zu schaffen, beispielsweise Meisenkästen oder Ohrwurmhöhlen.

Falls sich dennoch Epidemien ausbreiten, kommen vorzugsweise weniger bedenkliche Mittel wie Kaliseifenlauge gegen Blattläuse oder Schachtelhalmauszüge gegen Pilzkrankheiten zum Einsatz. Im Fachhandel ist mittlerweile eine Reihe solcher Produkte erhältlich. Zudem sind Pflegemittel zu bekommen, die der Gesunderhaltung dienen, hier sind unter anderem Weißanstrichmittel zum Stammschutz, Kunststoffmanschetten gegen Wildverbiss oder Schutznetze gegen Vögel zu nennen.

Beachten Sie vor der Pflanzung auch die Obstbestände in den Nachbar-

Die junge Rinde von Obstbäumen und Ziergehölzen ist empfindlich für Rindenrisse durch die Wechselwirkung von Wintersonne und Nachtfrost. Ein Weißanstrich verhindert die Spannungen.

gärten. Wenn etwa der Birnengitterrost schlimme Schäden an benachbarten Bäumen angerichtet hat, sollten Sie zunächst auf Birnenbäume verzichten oder Sorten wählen, die weniger gefährdet sind. Empfehlenswert sind Sortenmischungen, da man auf diese Weise von Schäden und Schädlingen weniger abhängig ist. Wenn etwa die Früchte einer frühen Süßkirschensorte von den Maden der Kirschfruchtfliege befallen sind, bleibt eine spätere Sorten madenfrei. Das gilt auch für Zwetschgen, die ebenfalls gern von Schädlingen heimgesucht werden (zum Beispiel vom Pflaumenwickler). Zudem wirken sich Mischpflanzungen günstig auf die Befruchtung und damit auf die Erträge aus.

Gemüse – Anzucht, Kultur, Ernte, Verwertung

Gemüse aus dem eigenen Garten hat viele Vorzüge. Es reift in der Region und ist stets frisch. Man weiß, was man hat, weil auf Pflanzenschutzmittel verzichtet wird und zur Düngung vorzugsweise Kompost dient. Die Gemüsearten können selbst gewählt werden. Das ermöglicht auch Sonderkulturen, die kaum im Handel erhältlich sind.

Er derart großer Gemüsegarten erfordert eine Vollzeitbeschäftigung. Das Gießen, Jäten, Hacken, Heften und Binden ist täglich zu erledigen. Allerdings gibt es reiche Ernten.

Gemüse – Anzucht, Kultur, Ernte, Verwertung

Im Spätsommer ist schon ein Teil der Ernte eingefahren. Beete werden frei für neue Kulturen.

Der Anbau macht Freude, weil sich die Mühe sichtlich lohnt und durch eigener Hände Arbeit alles reichlich wächst und gedeiht. Doch sollte mit Maß und Ziel angebaut werden, sonst ist der Gemüsegarten eher eine Last als ein Vergnügen – immerhin braucht er fast täglich Pflege.

Es gilt also, die Größe richtig abzuschätzen und die Beete entsprechend zu gestalten. Anfänger sollten auf jeden Fall zunächst klein beginnen und erst später, wenn der Gemüseanbau erfolgreich ist und Freude bereitet, die Fläche erweitern. Einfache Kulturen wie etwa Radieschen, Kopfsalat und Tomaten erleichtern den Einstieg.

Sonnige Beete

Zunächst ist ein geeignetes Stück im Schrebergarten auszuwählen, sonnig und möglichst abseits einer Hauptstraße. Es sollte auch gut erreichbar sein und die nötigen Versorgungsmöglichkeiten bieten, also etwa einen Wasseranschluss, einen Raum für die Gartengeräte und Platz für Kompost und Erdarbeiten.

Gemüse braucht optimale Wachstumsbedingungen auf nährstoffreichen, schadstofffreien Böden.

Lassen Sie vor der Anlage der Beete unbedingt eine Bodenuntersuchung bei einer landwirtschaftlichen Untersuchungs- und Forschungsanstalt (LUFA) durchführen. Die Adresse erhalten Sie beim zuständigen städtischen Amt oder dem Vorstand des Vereins.

Einfache Untersuchungen wie beispielsweise pH-Wert oder Nitratgehalt können Sie auch selbst durchführen. Die entsprechenden Tests sind im Gartenfachhandel zu bekommen. Wenn der Boden geeignet ist, wird er vorbereitet, insbesondere umgegraben oder gelockert und in Beete aufgeteilt. Wenn er es nicht ist, wird er entsprechend verbessert. So bekommt nährstoffarmer Boden Kompostgaben, schwerer Lehmboden wird mit Sand gelockert oder lockerer Sandboden mit lehmiger Erde bindiger gemacht. Dann erst lohnt sich die Aussaat oder das Auspflanzen.

Mischkulturen und Fruchtwechsel

Bewährt haben sich Mischkulturen. Dabei werden die Gemüsepflanzen, die sich gut vertragen oder zumindest nicht stören, gemeinsam auf ein Beet gesetzt.

Gute Partner sind zum Beispiel Knoblauch und Erdbeeren, Möhren und Zwiebeln oder Tomaten und Kopfsalat.

Beachtenswert sind auch die Folgekulturen: Es ist wichtig, nach dem Abernten geeignete Arten nachzupflanzen, vor allem sollten die verschiedenen Arten abgewechselt werden (Fruchtwechsel).

Es lohnt sich, zwischen die Gemüse auch Ringelblumen, Tagetes, Salbei und andere Blumen und Kräuter einzustreuen, das verhütet Mangelerscheinungen und Schädlingsbefall.

Aussaat und Anzucht von Jungpflanzen

Die Gemüsesaison beginnt meistens schon mitten im Winter mit der Lektüre der Gartenkataloge. Die bunten Bilder regen zur Bestellung von Saatgut an. Allerdings gilt: Beschränken Sie die Auswahl auf bestimmte Arten! Fordern Sie nur so viel Saatgut an, wie Sie verarbeiten können. Selbstverständlich dürfen aber neben den üblichen Saaten auch Neuheiten dabei sein, denn schließlich ist der eigene Garten auch zum Experimentieren da.

Bestellen oder besorgen Sie das Saatgut rechtzeitig, denn die Aussaat der Frühkulturen beginnt bereits im Winter auf der Fensterbank.

Vorbereitung und Aussaat

1 Nach dem Umgraben mit der Grabegabel werden Wurzelunkräuter entfernt.

2 Der Einharken von Kompost trägt zur Lockerung, Humusversorgung und Düngung bei.

Gemüse – Anzucht, Kultur, Ernte, Verwertung

Vorbereitung und Aussaat

3 Die Reihensaat oder Pflanzung in Reihen erleichtert die Pflege. Ein Gerätestiel dient zum Rillenziehen.

4 Neben Sämereien kommen Steckzwiebeln in die Erde. Die Reihenabstände richten sich nach den Gemüsearten.

5 Zwiebeln passen gut zu Karotten. Deren Samen haben eine lange Keimzeit.

6 Das Angießen mit der Brause sorgt für die nötige Feuchtigkeit zur Keimung und Wurzelbildung.

Am besten stellen Sie einen Pflanzplan zusammen, auf dem die gewünschten Gemüsearten in einer günstigen Reihenfolge und Mischkultur auf der verfügbaren Gartenfläche verteilt sind. Dabei sind auch die Pflanzzeiten und die Folgekulturen zu beachten. So kann man beispielsweise auf das erste Beet zunächst jeweils eine Reihe Kopfsalat, Möhren, Radieschen und Zwiebeln säen, zumal diese Arten gut zusammenpassen.

Nach der Ernte von Kopfsalat und Radieschen können sich die Möhren und die Zwiebeln, die eine längere Kulturzeit haben, weiter entwickeln. Im Mai kommen dann Tomaten mit aufs Beet. Nach der Ernte der Zwiebeln und der Möhren werden Salate nachgepflanzt.

Auf diese Weise ist das Beet günstig bepflanzt und gut ausgenutzt. Gleichermaßen werden die anderen Beete bestellt, wobei sich die Sortenwahl natürlich nicht nur nach günstigen Misch- und Folgekulturen richtet, sondern selbstverständlich auch nach dem Geschmack und nach den Wünschen der Familie.

Drinnen oder draußen säen
Zu beachten sind die Anzuchtbedingungen, das heißt unter anderem, ob die ausgewählten Sämereien direkt ins Freiland oder zunächst in Saatgefäße kommen. Während Möhren, Zwiebeln, Gartenkresse und andere frostharte Gemüse bereits im zeitigen Frühjahr draußen gesät werden, brauchen Tomaten, Auberginen oder Artischocken eine Vorkultur im Haus. Diesbezüglich sind auch die Saattermine, die Keimzeiten und die Pflanzzeiten wichtig. Anhand des Pflanzplans lässt sich nun jedes Gemüse rechtzeitig und richtig ziehen.

Fruchtgemüse

Neben Tomaten, Paprika und Zucchini bieten die Fruchtgemüse eine riesige Auswahl an Arten und Sorten.

Tomate
(Solanum lycopersicum)
Ohne „Paradiesäpfel" müssten wir auf viele Speisen verzichten. Vor allem italienische Gerichte, wie Pizza und Pasta, sind ohne die roten Früchte nicht zu haben – im Winter werden sie sogar aus südlichen Ländern eingeflogen. Am besten schmecken Tomaten aber frisch aus dem eigenen Garten. Die Anzucht von Jungpflanzen sollte rechtzeitig beginnen. Bereits im März, wenn die Tage länger werden, ist es Zeit zur Aussaat.

Das Saatgut wird in Gartenmärkten in vielen Sorten angeboten. Es lohnt sich, verschiedene Sorten zu kultivieren, denn dadurch vergrößert sich nicht nur das Angebot an verschiedenen Früchten, auch die Erntezeit wird verlängert.

Neben alten, bewährten Sorten kann man auch neue Züchtungen testen. Zu empfehlen sind vor allem Sorten, die eine gewisse Resistenz gegen die Krautfäule haben. Diese Pilzkrankheit kann erhebliche Probleme machen und völlige Ausfälle zur Folge haben.

Das Sortiment an Tomaten bietet viele Fruchtformen, Größen und Farben. Neben altbewährten sollten neue Züchtungen ausprobiert werden.

Gemüse – Anzucht, Kultur, Ernte, Verwertung

Als recht widerstandsfähig haben sich die kleinen Cocktailtomaten gezeigt, die nahe mit den Wildtomaten verwandt sind. Obwohl sie nicht verschont bleiben, greift die Krankheit erst verhältnismäßig spät auf diese Sorten über. Zu den großfruchtigen Züchtungen, die weniger anfällig sind, gehören 'Pyros', 'Verano', 'Hilmar' und 'Master'. Völlig resistente Züchtungen gibt es leider noch nicht.

Paprika
(Capsicum annuum)

Paprika ist ein Nachtschattengewächs, das sehr viel Wärme und gut gedüngten Boden benötigt. Nach der Pflanzung im Mai dauert es sehr lange, bis sich Früchte entwickeln. Bis dahin muss reichlich gegossen werden, insbesondere bei einer Kultur unter Glas.

Freunde der italienischen Küche können auf eigener Scholle seltene Arten und Sorten ausprobieren. Dazu gehören Auberginen.

Aubergine
(Solanum melongena)

Dieses mit der Tomate verwandte Nachtschattengewächs braucht viel Wärme. Am besten gedeihen Auberginen unter Glas oder Folie, insbesondere auf gut gedüngtem Boden, zum Beispiel im Mistbeet. Wie bei Tomaten kneift man die Seitentriebe aus und lässt nur einen Haupttrieb stehen. Damit sich große Früchte entwickeln, bleiben nur etwa fünf Blüten erhalten, sobald sie befruchtet sind.

Gurke
(Cucumis sativus)

Dieses tropische Kürbisgewächs braucht vor allem viel Wärme und einen Regenschutz. Sowohl beim Freiland- als auch beim Glashausanbau sind mehltauresistente Sorten zu wählen oder Pflanzen, die auf

Paprika braucht viel Wärme und einen Regenschutz.

Für Schlangengurken ist eine Kletterhilfe nötig.

den Feigenblattkürbis veredelt sind. Beim Gießen sollten die Blätter trocken bleiben. Schlangengurken brauchen eine Kletterhilfe wie Schnüre. Auch den Beetgurken bekommt ein Klettergerüst gut, beispielsweise Baustahlgewebe. Hier wachsen sie luftig und lassen sich leicht abernten. Regelmäßiges Durchpflücken lohnt sich, damit sich neue Früchte bilden.

Kürbisse
(Cucurbita pepo)
Wie viele andere Fruchtgemüse haben auch die Kürbisse ihre ursprüngliche Heimat in Mittelamerika. Die unterschiedlichen Züchtungen werden aber mittlerweile weltweit kultiviert. Neben den großen runden Speisekürbissen, die im Herbst leuchtend goldgelb auf den Beeten reifen, gibt es eine Fülle an verschiedenen Sorten mit eiförmigen, länglichen oder flachen Früchten in vielen verschiedenen Farben.

Zucchini
(Cucurbita pepo)
Zucchini oder Zucchetti sind Kürbispflanzen und brauchen wie diese reichlich Wärme, nährstoffreichen Boden und viel Wasser. Bei ungünstigen Bedingungen bringen sie nur männliche Blüten hervor und entwickeln keine Früchte. In der Regel blühen aber auch weibliche Blüten auf, sodass die Büsche reich und regelmäßig fruchten. Sie müssen immer wieder durchgepflückt werden, damit sie blühfähig bleiben und neue Früchte ansetzen.

Derartig große Speisekürbisse reifen nur auf nährstoffreichem Boden – etwa neben dem Komposthaufen oder auf einem gut gedüngten Beet.

Eine Zucchini kann den Bedarf einer Familie decken, wenn sie gut gedeiht und regelmäßig durchgeflückt wird.

Gemüse – Anzucht, Kultur, Ernte, Verwertung

Stangenbohnen lassen sich an Rankhilfen aller Art kultivieren.

Bohne
(Phaseolus-Arten)
Busch-, Stangen-, Feuerbohnen und deren Sorten stammen wie viele andere Gemüse aus Südamerika. Sie sind frostempfindlich und werden erst im Mai im Freiland ausgesät. Kletternde Arten brauchen Stangen oder Schnüre zum Winden. Zur Erntezeit werden die noch zarten Hülsenfrüchte immer wieder durchgepflückt, sodass ständig neue nachwachsen. Bohnen sind roh giftig, sie müssen vor dem Verzehr gekocht werden.

Erbse
(Pisum sativum)
Die verschiedenen Erbsenarten und -sorten sind Hülsenfrüchte. Sie brauchen nach der Keimung eine Kletterhilfe (zum Beispiel Maschendraht), damit die Triebe luftig und locker wachsen. Je nach Art erntet man die Früchte frisch und zart oder lässt sie ausreifen.

Salate

Zum Gemüse gehören auch Salate. Besonders im Spätwinter tragen sie zur Versorgung mit Mineralstoffen, Spurenelementen und Vitaminen bei. Frische Salate aus dem eigenen Garten können bereits im März den Speiseplan ergänzen.

Die größte Sortenfülle bieten Kopfsalate. Es gibt rote, grüne, krause und andere Züchtungen. Blattsalat, Eisbergsalat, Pflücksalat und Bindesalat gehören alle zur Gattung *Lactuca*. Die Kulturpflanze stammt

Erbsen winden sich mit ihren Sproßranken in die Kletterhilfe hinein, das kann auch ein Metallgitter sein.

Im Frühjahr gibt es schon Salat aus dem Garten. Ein Folientunnel macht eine zeitige Pflanzung möglich.

wahrscheinlich vom wilden Lattich (*L. serriola*) ab, jedenfalls weisen die kleinen, gelben Blüten darauf hin, die ausgewachsene Salatköpfe hervorbringen.

„Schießen" oder auswachsen sollten die Köpfe natürlich nicht, deshalb sind für den Anbau im Garten vorzugsweise schossfeste Sorten zu wählen. Die Auswahl richtet sich nach der Saatzeit. Es gibt Früh-, Sommer- und Herbstsorten.

Die Kultur ist recht einfach und gelingt auch in Balkonkästen. Kräftige Sämlinge oder Jungpflanzen aus der Gärtnerei bilden in wenigen Wochen

Der Salat ist erntereif, wenn er einen festen Kopf gebildet hat.

erntereife Köpfe. Durch rechtzeitige Folgesaaten sind den ganzen Sommer hindurch frische Salatköpfe zu bekommen. Die Aussaat oder Pflanzung lohnt sich, zumal die eigenen Salate mit Sicherheit frisch und frei von Spritzmitteln sind.

Besonders bei Jungpflanzen ist ein Schutz vor Schnecken wichtig. Dazu eignen sich Frühbeetkästen, die mit einem Schneckenzaun ausgestattet werden. Gegen Blattlausbefall hilft das Lüften der Frühbeetfenster. Das Lüften an milden Tagen fördert auch beim Anbau im Gewächshaus einen gesunden kräftigen Wuchs und die Bildung fester Köpfe.

Kopfsalat verträgt sich mit fast allen Gemüsearten. Er lässt sich im März neben andere Frühgemüse wie Karotten, Radieschen, Rettiche, Kohlrabi, Kresse und Zwiebeln pflanzen. Nur eine Mischkultur mit Sellerie und Petersilie ist zu vermeiden.

Endiviensalat
(Cichorium endivia)
Neben den Kopfsalatsorten kommen am häufigsten Endiviensalate auf den Tisch. Auch der Ursprung dieser Kulturpflanzen lässt sich nicht mehr genau bestimmen. Es könnte eine Wildpflanze namens *Cichorium pumilum* gewesen sein, die im Mittelmeergebiet heimisch ist.

Die Endivienzüchtungen zeichnen sich durch eine gewisse Frosthärte aus. Sie werden deshalb auch als typische Herbst- und Wintersalate kultiviert.

Endiviensalat ist allgemein schnittfester als Kopfsalat und wird in Streifen zerkleinert gereicht. Im Vergleich zum Kopfsalat ist der Anbau etwas langwieriger: Für die Ernte ab Oktober muss bereits im Juli gepflanzt werden.

Wenn der Endiviensalat auswächst, blüht er blau. Das weist auf eine Verwandtschaft mit der Wegwarte hin.

Rucola
(Eruca sativa)
Eine altbewährte, aber bei uns noch seltene Salatpflanze ist öfter in Restaurants zu bekommen als frisch aus

Die Aussaat von Rucola ist im Haus in Vorkultur oder direkt ins Freiland möglich.

Wenn der Rucola nicht zu stark abgepflückt wird, werden Blüten gebildet.

dem eigenen Garten. Rucola gehört in Italien zum Sortiment jeder Gemüsegärtnerei. Der Anbau lohnt sich auch nördlich der Alpen, zumal die Aussaat nicht schwierig ist und bereits 4 bis 5 Wochen danach erntereife Pflanzen zur Verfügung stehen.

Der schnellwüchsige Kreuzblütler sollte allerdings nicht neben Kohlgewächsen kultiviert werden.

Die Aussaat ist auch im Gewächshaus, im Frühbeet oder in Blumenkästen möglich. Anders als Kopfsalate zeichnen sich Salatrauken oder Rucolapflanzen durch einen sehr würzigen Geschmack aus. Die gezähnten Blätter können zum Anrichten von Mischsalaten dienen. Essbar sind auch die zartgelben Blüten.

Rucolasämlinge brauchen keine besondere Pflege. Sie bilden keine Köpfe, sondern kleine Horste mit kresseartigen Blättern. Zur Schonung der Pflanzen sollten immer nur einzelne Blätter gepflückt werden.

Feldsalat
(Valerianella locusta)
Bei kalkhaltigen und wasserführenden Lehmboden siedelt sich der Feldsalat durch Samen selbst an, sodass gelegentlich wilde Bestände etwa auf brachliegendem Ackerland zu finden sind.

Im Garten ist die Anzucht durch Samen kein Problem. Die Aussaat erfolgt erst im August, direkt in vorbereitete Beete oder in entsprechende Pikierkisten.

Im Sommer schießen die Pflanzen, das heißt, sie wachsen aus und bringen keine Blatthorste, sondern Blüten hervor. Es gibt Sorten, die keinen Frost vertragen, aber auch winterharte, die sich vorzugsweise für die Kultur unter Glas eignen. Sie machen noch im Oktober eine Aussaat möglich. Die nussig schmeckenden Blättchen sind besonders im Winter wertvoll, wenn es wenig frisches Grün aus dem Garten oder aus dem Gewächshaus gibt.

Die kleinen Horste des Feldsalates breiten sich flächig aus. Ein Folientunnel macht die Ernte auch im Winter möglich.

Bärlauch
(Allium ursinum)

Bärlauch ist weniger eine Pflanze für sonnige Gartenbeete, sie liebt vielmehr schattige Ecken, wo sie wild wuchern kann. Dieses Wildkraut breitet sich auf feuchten Böden flächig aus und treibt jedes Frühjahr saftig grünes Laub aus dem Boden.

Nach der Blüte im Mai ziehen die Säfte wieder in die Zwiebeln ein und die Schlotten sterben ab. Bis dahin aber können sie reichlich geerntet werden. Das frische Laub enthält dieselben Wirkstoffe wie der Knoblauch, riecht aber weniger aufdringlich. Die Nutzung ist roh oder gekocht mit anderen Wildkräutern möglich.

Blattgemüse

Brunnenkresse
(Nasturtium officinale)

Ein seltenes Kraut, das in der Natur vorzugsweise an klaren Bächen wild wächst, lässt sich auch im Garten ansiedeln. Die Brunnenkresse ist wegen ihres würzigen Geschmacks und ihrer Wirkstoffe schon immer eine beliebte Salatpflanze gewesen. Die Staude ist ausdauernd, wenn sie einen ständig feuchten Platz bekommt. Der kann in einer Wasserwanne im Gemüsegarten, an einem Gartenteich oder einer künstlichen Quelle liegen. Wasserzirkulation wirkt sich günstig auf die Entwicklung aus, die Vermehrung ist durch bewurzelte Ausläufer möglich.

Die Brunnenkresse blüht im Frühjahr. Die Blätter und Blüten schmecken angenehm scharf.

Die Bärlauchstauden ziehen nach der Blütezeit ein und überdauern bis zum nächsten Frühjahr im Boden.

Der Radicchio ist wie der Endiviensalat mit der Wegwarte verwandt.

Die Ernte beschränkt sich zwar nur auf wenige Wochen im Mai, doch wenn der Standort passt, bilden sich dichte Bestände, die ohne Pflege auskommen und jedes Jahr im Frühjahr frische Blätter treiben. Essbar sind auch die schönen, weißen Blüten.

Radicchio und Zuckerhut
(Cichorium inybus var. foliosum)
Der Anbau von Zichoriensalat im Garten erfolgt etwas später als die Anzucht von Chicoreé, je nach Sorte etwa von Mai bis Juni. Die Kultur ist ähnlich und erfordert nährstoffreichen Boden. Günstig sind mittelschwere Lehmböden mit guter Wasserversorgung. Salatzichorie bildet bis zum Herbst feste Köpfe, die recht frosthart sind. Mit Folie oder Vlies lassen sich Fröste abschwächen und Blattschäden verhindern. Bekannte Typen der Zichorie sind der sogenannte Zuckerhut (Fleischkraut) und der Radicchio, von dem es wiederum verschiedene Sorten gibt.

Neben Frühsorten für die Sommerernte und Spätsorten für den Herbst sind auch Sorten zum Überwintern zu bekommen, die ebenfalls im Garten kultiviert werden. Im Herbst werden die Blätter bis auf jeweils kurze Strünke entfernt. Danach bekommen die Pflanzen einen Frostschutz aus Stroh oder Vlies. Sie treiben im Spätwinter aus und entwickeln Blätter für die ersten Frühsalate aus dem eigenen Garten. Wie die wilde Wegwarte enthalten alle Zichorienarten verdauungsfördernde Bitterstoffe sowie Mineralien, Vitamine und Glykoside. Sie sind besonders im Winterhalbjahr wertvolle Nahrungsmittel.

Mangold
(Beta vulgaris)
Dieses Blattgemüse ist eigentlich ein Rübengewächs und direkt mit der Runkelrübe verwandt. Dies erkennt man auch am Geschmack der Blätter. Mangold ist recht robust und eignet sich gut zur Mischkultur mit vielen anderen Arten – Gänsefußgewächse ausgenommen. Bei der Aussaat oder Pflanzung im Frühjahr entwickeln sich bis zum Herbst üppige Blattbüschel, die nach und nach

Es lohnt sich, verschiedene Mangoldsorten anzubauen – allein wegen der auffälligen Blattfarben.

gepflückt werden können. Bei nicht zu strengem Frost ist Mangold winterhart.

Spinat
(Spinacia oleracea)
Dieses Gänsefußgewächs ist ein willkommenes Früh- und Herbstgemüse, zumal es Frost verträgt. Spinat kann im zeitigen Frühjahr oder im Spätsommer gesät werden. Sommersaaten schossen leicht und sind nicht zu empfehlen. Spinat braucht zwar reichlich Nährstoffe, eine Überdüngung ist jedoch zu vermeiden, weil er sonst eventuell Nitrat ansammelt.

Fenchel
(Foeniculum vulgare)
Während die würzigen Samen des Fenchels in Tees zur Wirkung kommen, haben Fenchelknollen als Gemüse einen Wert. Sowohl Gewürzfenchel als auch Knollenfenchel können im Garten angebaut werden.

Anders als Gewürzfenchel (*Foeniculum vulgare* var. *dulce*) wird Gemüsefenchel (*F. vulgare* var. *azoricum*) einjährig kultiviert. Die Aussaat erfolgt im Frühjahr im Haus. Durch eine gezielte Sortenwahl lassen sich die Saattermine und damit auch die Erntezeiten verlängern. So machen frühe Sorten wie 'Argo' und 'Zefa Fino' die Aussaat schon ab März möglich. Sie zeichnen sich durch eine gute Schoßfestigkeit aus. Bei späten Sorten wie 'Latina' und 'Perfektion' beginnt die Saatzeit erst im Juli. Durch die Aussaat verschiedener Sorten gibt es bereits ab Juni die ersten erntereifen Fenchelknollen.

Frischer Spinat ist ein willkommenes Wintergemüse. Er kann mehrmals durchgepflückt werden.

Das süßliche Aroma des Fenchels entspricht nicht jedem Geschmack, sollte jedoch nicht im Anbauplan fehlen.

Das Distelgewächs Artischocke hat nachweislich eine heilsame Wirkung für die Leber.

Die späten Sorten bleiben bis zum Herbst auf dem Beet. Bei mildem Wetter oder mittels Frostschutz stehen sie bis in den Winter hinein zur Ernte bereit. Gemüsefenchel ist im Handel fast das ganze Jahr zu bekommen. Im Winter werden die Märkte mit Ware aus Süditalien oder aus nordafrikanischen Ländern beliefert. Selbst biologisch angebaute Knollen werden dann sehr preisgünstig angeboten.

Artischocke
(Cynara scolymus)

Dieser prächtige Korbblütler (*Asteraceae*) wächst staudenartig und lässt sich an geschützten Plätzen mehrjährig kultivieren, wenn er im Winter mit einem luftigen Frostschutz vor Kälte bewahrt wird. Wenn sich die Knospen gut entwickelt haben, bringt der Busch im Sommer große Blütenstände hervor. Nach dem Aufblühen sind sie nur noch für die Vase zu gebrauchen.

Die Anzucht erfolgt im Spätwinter durch Aussaat im Haus. Kräftige Sämlinge lassen sich dann im Mai ins Freiland umsetzen.

Die Pflanzen brauchen einen sonnigen Platz auf tiefgründigem, nährstoffreichem Boden ohne Staunässe. Während der Wachstumszeit erhalten die Stauden reichlich Wasser. Damit sich kräftige Büsche bilden, ist eine Nachdüngung beispielsweise mit Kompost nützlich. Die Erntezeit beginnt im Sommer.

Im Herbst werden die Stauden mit Vlies eingepackt und mit Laub oder Stroh angehäufelt. Möglich ist auch eine Überwinterung in einem kühlen Keller. Dazu werden sie ausgegraben und in einen Kübel gesetzt.

Wer keinen Platz hat, kann die dekorativen Disteln auch als Kübelpflanzen kultivieren. Damit sie auch als solche gut gedeihen und große Blütenstände hervorbringen, brauchen sie große Pflanzgefäße mit nährstoffreichem, beständig lockerem Substrat. Es lohnt sich – ebenso wie bei Gartenpflanzen –, nicht alle Blüten für die Küche zu ernten, sondern einige ausreifen zu lassen. Die leuchtend blauen Blüten haben einen besonders dekorativen Wert.

Zwiebelgemüse

„Hat sieben Häut', beißt alle Leut'", einige der in Zwiebelgemüse enthaltenen Inhaltsstoffe reizen die Augen, andere wirken dagegen verdauungsfördernd.

Küchenzwiebel
(Allium cepa)
Uralt und immer noch modern, so könnte man die Zwiebel beschreiben. Nachweislich wurden Speisezwiebeln bereits vor über 2000 Jahren in Ägypten kultiviert. Heute gibt es durch Züchtung ein großes Sortiment mit Namen wie 'Stuttgarter Riesen', 'Zittauer Gelbe' oder 'Birnenförmige', die auf die Größe, Farbe oder Form hinweisen. Zu unterscheiden sind Haushaltszwiebeln, die für alle Zubereitungsarten genutzt werden können, Gemüsezwiebeln, die sich besonders für Zwiebelgerichte eignen und Silberzwiebeln, die vorwiegend eingelegt werden.

Botanisch gesehen sind Speisezwiebeln zweijährige Pflanzen. Sie bilden im ersten Jahr nach der Aussaat einen Horst mit vielen röhrenförmigen Blättern (Schlotten). Im zweiten Standjahr bringen sie kugelförmige Blütenstände hervor, die dem Zierlauch ähnlich sind. Nach der Samenreife ziehen sie ein. Die Vermehrung erfolgt durch Aussaat oder auch vegetativ durch Tochterzwiebeln. Speisezwiebeln werden gewöhnlich einjährig kultiviert.

Die Porree- oder Lauchpflanzen bilden keine Zwiebeln, sondern lange, essbare Schäfte.

Porree
(Allium porrum)
Auch bei diesem Zwiebelgewächs ist die Mischkultur mit Karotten günstig, da diese die Zwiebelfliegen fernhalten. Aufgrund seiner langen Entwicklungsdauer benötigt Porree einen gut gedüngten Boden. Lange Schäfte bekommt man durch das Anhäufeln mit Erde. Winterporree ist frosthart und kann bis zum Frühjahr auf dem Beet bleiben.

Knoblauch
(Allium sativum)
Die Kultur im Garten ist recht einfach: Knoblauch lässt sich durch Zehen vermehren. Dazu können Zwiebeln aus dem Handel dienen, die zerteilt und dann in vorbereiteten Boden gesteckt werden. Besser sind Zwiebeln aus dem eigenen Garten

Wenn die Zwiebeln reif sind, werden die Schlotten umgelegt. Dann ziehen die Pflanzensäfte in die Zwiebeln ein.

oder regionale Züchtungen, die sich bereits bewährt haben.

Der Standort sollte vollsonnig sein und durchlässigen Boden haben. Wichtig ist ein guter Wasserabzug, Staunässe ist schädlich. Die Pflanzung von Knoblauch ist in Mischkultur mit anderen Gemüsen oder mit Erdbeeren möglich. Knoblauch soll eine pilzhemmende Wirkung haben, obwohl dies bislang nicht wissenschaftlich nachgewiesen ist. Jedenfalls stören sich die Pflanzen gegenseitig nicht. So breiten sich beispielsweise Erdbeeren flächig aus, während die Knoblauchschlotten nach oben treiben. Freie Pflanzflächen sind auch neben Rosen und anderen Zierpflanzen oder unter Obstbäumen und Beerensträuchern zu finden. Recht dekorativ wirken Knoblauchsorten, die Brutzwiebeln entwickeln. Diese bringen im Sommer zwischen den grünen Schlotten lange Schäfte hervor, an denen kleine, vollwertige Zwiebelchen sitzen. Die können zur Vermehrung oder auch zum Kochen genutzt werden.

Die Pflanzzeit für Knoblauch ist im Spätsommer und Herbst oder im Frühjahr. Bei der Pflanzung im September oder Oktober wachsen die Zehen – wie andere Zwiebelpflanzen – noch vor dem Winter an und bilden bis zur Erntezeit im nächsten Jahr kräftige Knollen (Zwiebeln).

Bei einer Pflanzung im Frühjahr kommen die Zehen im Abstand von 15 bis 20 cm etwa 2 cm tief in gut gelockerten Gartenboden, der mit Kompost und Sand vermischt wurde. Die Zehen bilden Wurzeln und bringen dann die langen kantigen Blätter hervor. Eine besondere Pflege ist neben der Bewässerung in Trockenzeiten nicht nötig.

Die Erntezeit richtet sich nach der Laubwelke. Sobald sich die Schlotten gelb färben, ungefähr im August, können die Zwiebeln geerntet und zum Nachtrocknen ausgebreitet werden. Knoblauch ist ausdauernd und kann viele Jahre auf dem Beet bleiben. Hier bilden sich zunehmend üppigere Horste (Büschel), die auch im Winter grün bleiben.

Die Knoblauchkultur ist auch im Kübel möglich. Diese vitalen Pflanzen gedeihen wie Schnittlauch oder Zwiebeln selbst in Balkonkästen, wenn sie reichlich Nährstoffe und Wasser bekommen.

Der Knoblauch bildet keine Samen, sondern an langen Schäften vollwertige Brutzwiebeln.

Rüben und Wurzelgemüse

Wurzelgemüse schmecken oft sehr aromatisch und sind in der Küche ausgesprochen vielseitig verwendbar. Die ersten Wurzelgemüse reifen schon im Frühjahr, nach den Rettichen gibt es frische Karotten, dann folgen Kartoffeln und andere Arten.

Rettich
(Raphanus sativus)
Diese Kulturpflanze wurde vermutlich aus dem wilden Hederich (*Raphanus raphanistrum*) gezüchtet. Bereits im alten Ägypten gehörte der Rettich neben Knoblauch und Zwiebel zu den wichtigsten Gemüsen und trug wesentlich zur Gesunderhaltung der Bevölkerung bei. Die heilsamen Wirkstoffe sind natürlich auch heute noch wertvoll. So enthält der Rettich neben Senfölen, Vitaminen und Mineralien nachweislich medizinische Stoffe, wie Zink, Schwefel und Glykobrassicin.

Auf tiefgründigem, lockerem Boden können sich lange Rüben entwickeln.

Die Aussaat ist schon im zeitigen Frühjahr etwa ab März möglich. Sie erfolgt als Reihensaat in gelockerten Boden. Für eine zügige Entwicklung ist es nötig, die Sämlinge nach der Keimung zu verziehen, das heißt, zu vereinzeln. Der Anbau ist mit speziellen Sorten vom zeitigen Frühjahr bis zum Herbst möglich. Wintersorten, die vorzugsweise unter Glas gesät werden, werden in den Wintermonaten erntereif.

Radieschen
(Raphanus sativus)
Diese Kreuzblütler sollten wie andere Rettiche nicht nach oder neben Kohlarten oder anderen Kreuzblütlern angebaut werden. Sie

Die Reihensaat erfordert das Vereinzeln der Pflanzen. Dabei können bereits Radieschen für die Küche geerntet werden.

brauchen lockeren, nährstoffreichen Boden und reichlich Wasser, damit sie zügig dicke Wurzeln bilden. Dazu ist es auch nötig, die Sämlinge nach der Keimung zu verziehen, das heißt, zu vereinzeln. Der Anbau ist vom zeitigen Frühjahr bis zum Herbst möglich. Gegen Erdflöhe hilft regelmäßiges Hacken.

Karotte
(Daucus carota ssp. sativus)

Dieses Wurzelgemüse, auch als Möhre, Mohrrübe oder Gelbe Rübe bekannt, gehört zu den Doldenblütlern (*Apiaceae*). Die Kulturform stammt von der Wilden Karotte ab, die oft an Wegrändern wächst. Wildpflanzen oder auch ausgewachsene Gartenpflanzen bringen im Sommer die filigranen weißen Blütendolden hervor.

Mittlerweile gibt es mehr als fünfzig verschiedene Sorten mit gelben, orangefarbenen, schwarzen oder weißen Wurzeln in unterschiedlichen Größen und Formen. Besonders im eigenen Garten lohnt es sich, viele Sorten zu kultivieren, zumal der Anbau nicht schwierig ist und keine Unverträglichkeiten mit anderen Gemüsearten bekannt sind.

Die Aussaat kann schon im zeitigen Frühjahr direkt in Reihen erfolgen. Die verhältnismäßig schnell wachsenden Karotten lassen sich in mehreren Folgen bis zum Spätsommer säen, allerdings ist ein Standortwechsel nötig. Für eine gute Entwicklung brauchen die Wurzeln einen tiefgründigen, lockeren Boden in sonniger bis halbschattiger Lage.

Die Samen benötigen verhältnismäßig lange zur Keimung. Es hat sich bewährt, schnellkeimende Radieschen zur Markierung in die Reihen zu säen. Gießen und Hacken sind die wichtigsten Pflegearbeiten, zudem sollten zu eng stehende Sämlinge vereinzelt werden. Ein Gemüseschutzvlies bewahrt vor dem Befall durch die Möhrenfliegen.

Günstig wirkt sich auch die Mischkultur mit Zwiebeln aus, die Beipflanzung von Tagetes vertreibt Wurzelälchen. Die Ernte kann nach der Aussaat im Frühjahr ab Juni erfolgen. Eine Erntezeitverlängerung ist durch Folgesaaten an wechselnden Standorten bis zum Oktober möglich.

Erntereife Karotten bleiben auf dem Beet, bis sie gebraucht werden. Auch das Kraut lässt sich zum Würzen verwerten.

Die Saatknolle der Kartoffel bildet das Kraut, das wiederum die Tochterknollen versorgt. Es lohnt sich verschiedene Sorten zu kultivieren.

Kartoffel
(Solanum tuberosum)

Die Pflanzzeit für Kartoffeln beginnt je nach Wetter etwa Mitte April, wenn der Boden erwärmt ist. Die Knollen brauchen ungefähr zwei bis drei Wochen zum Einwurzeln und Austreiben. Nach dem Legen begünstigt eine Vliesabdeckung oder ein Folientunnel das Wachstum: Ein solcher Schutz fördert die Erwärmung des Bodens und den Austrieb, und er schützt die jungen Triebe vor Zugluft und geringem Nachtfrost. Bei mildem Wetter muss jedoch gelüftet werden, damit die Pflanzen abhärten. Zum Gießen muss nur die Folie entfernt werden, ein Vlies lässt das Regen- und Gießwasser durch. Im Juni ist zugleich Pflanz- und Erntezeit für Kartoffeln, vorausgesetzt, dass rechtzeitig im April Frühkartoffeln gesteckt wurden. Die ersten Frühkartoffeln sind erntereif, sobald die Pflanzen im Juni abgeblüht haben. Bei Bedarf werden einige Stauden ausgegraben und ausgeschüttelt, um die Knollen abzuernten. Die übrigen Stauden bleiben auf dem Beet, bis das Laub verwelkt ist.

Nebenher können an anderer Stelle, etwa auf freigewordenen Kohlrabibeeten, Spätkartoffeln gesteckt werden, die dann im Spätsommer erntereif sind.

Auf diese Weise gibt es mehrmals im Jahr frische Kartoffeln aus dem Garten. Nach Kartoffeln dürfen allerdings einige Zeit keine Kartoffeln mehr nachgebaut werden.

Topinambur
(Helianthus tuberosus)

Diese Sonnenblumenart kommt häufig verwildert an Waldrändern und auf Brachland vor, wo sie üppige Bestände bildet. Die starkwüchsige Staude wurde wegen ihrer essbaren Wurzelknollen in den Gärten angesiedelt, aber wegen ihrer Vitalität wieder ausgegraben und in der Umgebung „entsorgt".

Vor der Pflanzung sollte der enorme Ausbreitungsdrang bedacht werden. Die Vermehrung ist einfach mit Wurzelknollen möglich. Nach der Pflanzung braucht die Staude keine besondere Pflege. Sie bringt meterlange Triebe hervor, die im Spätsommer gelbe Blüten entfalten. Diese duften nach Schokolade.

Die Wurzelknollen werden im Herbst nach dem Welken der Blätter mit der Grabegabel ausgegraben. Sie sollten immer frisch geerntet werden, weil sie nicht allzu lange haltbar sind.

Rote Bete
(Beta vulgaris var. conditiva)
Rote Rüben brauchen reichlich Nährstoffe und Mineralien die sie durch Kompost und Steinmehl bekommen. Nach der Keimung müssen die Pflanzen vereinzelt werden. Dabei kann man bereits junge Rübchen ernten. Zur Ausreifung brauchen die Rüben etwa zwanzig Wochen, wobei der Boden gelockert und feucht gehalten werden muss.

Die Topinamburstaude bringt im Spätsommer dekorative Blüten hervor.

Die nussigen Knollen sind für Diabetiker verträglich.

Die erntereifen Roten Rüben werden erst bei Bedarf ausgegraben.

Schwarzwurzel
(Scorzoneria hispanica)

Ein vorzügliches Gemüse und eine willkommene Blütenstaude zugleich ist die Schwarzwurzel. Auf tiefgründigem, lockerem Boden entwickelt sie 30 bis 40 cm lange Wurzeln, die sich zunehmend ausbreiten, wenn sie nicht zu stark geerntet werden. Alte Wurzeln verholzen und sind dann ungenießbar.

Das schadet aber nicht, weil sich ständig junge zarte Wurzeln für die Ernte entwickeln. Die alten Wurzeln bringen dafür leuchtend gelbe Blüten hervor. Auf diese Weise hat man im Sommer einen Blumenschmuck und vom Herbst bis zum Winter frisches Wurzelgemüse, da die Wurzeln völlig frosthart sind.

Die langen, faserigen Schwarzwurzeln lassen sich vielfältig in der Küche nutzen.

Die mehrjährigen Stauden der Schwarzwurzel können ausdauernde Bestände bilden. Sie kommen dann auch zur Blüte.

Kohlgemüse

Gemüsekohl gehört botanisch zur Familie der Kreuzblütler. Es gibt eine bunte Mischung Kohlarten und -sorten, die streng genommen zu den Blattgemüsen gezählt werden. Je nach Zuchtform werden die Blätter, die Sprossachse oder die Blütenstände genutzt.

Kohlrabi
(Brassica oleracea var. gongylodes)

Im Frühjahr ist der Anbau einiger Gemüse möglich, die geringen Frost vertragen. Neben Kopfsalat, Rettich und Radieschen gehören die frühen Kohlrabisorten dazu. Die Pflanzung kann im März direkt im Freiland erfolgen, wenn ein Schutzvlies oder eine Schutzfolie vorbereitet wird. Ein geschütztes Quartier bieten auch ein Glashaus oder ein Frühbeet. Reife Knollen bringt die Frühkultur bereits im April.

Dieses Kohlgemüse ist vermutlich durch eine Kreuzung von Wildkohl mit der wilden weißen Rübe entstanden. Die essbare Knolle ist eine Sprossverdickung. Es gibt rote und grüne Züchtungen, die sich im Geschmack ähnlich sind. Die Sortenwahl richtet sich unter anderem nach der Anbauzeit, so erfolgt je nach Jahreszeit die Pflanzung von Frühsorten, Sommersorten oder Herbstsorten. Die recht kurze Kulturzeit des Kohlrabi ermöglicht einen Anbau vom Frühjahr bis zum Sommer, allerdings ist ein Fruchtwechsel nötig. Nach oder neben Kohlrabi sollten keine Kohlgewächse (*Brassicaceae*, früher: *Cruciferae*) angebaut werden. Dadurch kann das Auftreten von typischen Kohlkrankheiten wie Kohlhernie (ein Wurzelpilz) und Schädlingen wie dem Kohlweißling verhindert werden.

Günstig ist beispielsweise eine Mischkultur mit Salat, Tomaten, Gurken, Bohnen, Erbsen, Kartoffeln, Melonen, Spinat, Spargel, Schwarzwurzeln, Sellerie, Roter Bete und Lauch. Ungünstige Nachbarn oder Folgekulturen sind außer anderen Kohlarten auch Rettiche, Radieschen, Senf und andere Kreuzblütler sowie Erdbeeren, Knoblauch und Zwiebeln.

Kohlrabis brauchen reichlich Nährstoffe und Wasser, damit sie zügig wachsen und nicht holzig oder rissig werden. Die Kulturzeit dauert von der Pflanzung bis zur Ernte ca. 4 bis 6 Wochen. Die Knollen lassen sich frisch als Rohkost nutzen oder gekocht als Gemüse.

Grünkohl
(Brassica oleracea convar. acephala var. sabellica)

Dieser Kohl bildet anders – als Weißkohl, Rotkohl und Wirsing – keine geschlossenen Köpfe, sondern einen Stängel mit straußförmigen, gekrausten Blättern. Es gibt verschiedene Sorten, darunter sind auch solche mit violetten Blättern. Selbst bunte Züchtungen werden kultiviert. Sie dienen aber vorzugsweise als winterharte Zierpflanzen, obwohl auch deren Blätter essbar sind.

Je nach Sorte erfolgt die Aussaat ab Mitte Mai ins Freiland. Die Sämlinge werden in ihr Beet pikiert, sobald sie nach den Keimblättern die ersten richtigen Blätter gebildet haben. Die Pflanzen brauchen einen sonnigen Platz mit nährstoffreichem Boden.

Dieser Winterkohl ist wie alle Kohlgemüse ein Starkzehrer. Am besten gibt man ihm zur Pflanzzeit reichlich Kompost, er sollte aber nicht

Außer den Kohlrabiknollen sind auch die jungen Blätter essbar. Sie enthalten geschmacksbildende Senföle.

Gemüse – Anzucht, Kultur, Ernte, Verwertung

Der Grünkohl hat eine lange Kulturzeit. Die Pflanzen können bis in den Winter auf dem Beet bleiben.

Die essbaren Sprosse des Blumenkohls bleiben weiß, wenn sie mit den Blättern abgedeckt werden.

mit frischem Mist gedüngt werden, da der Mist den Geschmack verschlechtert und die Frosthärte vermindert.

Grünkohl kann zum Beispiel nach und neben Salat oder Spinat angebaut werden. Die Nachpflanzung nach anderen Kreuzblütlern (etwa Kohlrabi, Rettich etc.) ist ebenso zu vermeiden wie die entsprechende Nachbarschaft.

Neben der Wasserversorgung darf die Bodenlockerung nicht vernachlässigt werden. Das Wintergemüse ist frosthart. Je länger die Pflanzen auf dem Beet bleiben, umso besser wird deren Geschmack, da sich zunehmend mehr Traubenzucker entwickelt.

Blumenkohl
(Brassica oleracea* var. *botrytis)
Bei diesem Kohlgemüse ist die Sortenwahl – je nach Jahreszeit – zu beachten. Wie alle Kohlarten braucht der Blumenkohl gut gedüngten Boden (am besten mit Kompost). Wichtig ist ein Fruchtwechsel mit anderen Gemüsen, jedoch nicht mit Kohlarten oder Kreuzblütlern!

Brokkoli
(Brassica oleracea* var. *italica)
Dieses Kohlgemüse ist in der Kultur dem Blumenkohl ähnlich. Als Starkzehrer braucht es gut gedüngten Boden. Ein Fruchtwechsel mit anderen Kohlarten ist unbedingt nötig. Bei regelmäßigem Ernten der Blütenstände bilden sich neue nach, die allerdings kleiner bleiben.

Der Brokkoli ist eine grüne Variante des Blumenkohls.

Rosenkohl
(Brassica oleracea var. gemmifera)

Der Rosenkohl ist ein Starkzehrer mit Langzeitkultur, dementsprechend muss der Boden nährstoffreich sein. Nach der Pflanzung im Mai dauert es etwa zwanzig Wochen, bis die Strünke „Röschen" tragen. Sie können den Winter hindurch auf dem Beet bleiben. Rosenkohl sollte nicht nach oder neben weiteren Kohlarten und anderen Kreuzblütlern kultiviert werden.

Rotkohl, Weißkohl
(Brassica oleracea var. capitata f. rubra, Brassica oleracea var. capitata f. alba)

Als Starkzehrer mit Langzeitkultur – sie brauchen etwa drei bis vier Monate bis zur Ernte – sollten Rotkohl

Die „Röschen" dieses Wintergemüses können nach und nach gepflückt werden.

Blaukraut oder Rotkohl ist wie andere Kohlgemüse reich an Mineralien und Spurenelementen.

Die reifen Weißkohlköpfe können zu Sauerkraut verarbeitet werden.

und Weißkohl auf gut gedüngtem Boden gepflanzt werden. Hacken fördert die Durchlüftung, Mulchen hält die Feuchtigkeit. Gegen Schädlinge ist die Mischkultur mit Kopfsalat, Porree, Tomaten, Sellerie und anderen Gemüsen nützlich, jedoch nicht mit Kohlarten und Kreuzblütlern.

Wirsing
(Brassica oleracea var. sabauda)
Der Wirsingkohl unterscheidet sich von anderen Kopfkohlarten durch krause Blätter. Er hat eine lange Kulturzeit von drei Monaten und reift etwa ab September. Die reifen Wirsingköpfe können bis in den Winter hinein auf dem Beet bleiben, zumal sie recht frosthart sind.

Chinakohl
(Brassica chinensis)
Dieses Kohlgewächs, das wie Salat zubereitet wird, stammt ursprünglich aus Ostasien. Der Chinakohl bedarf einer langen Kulturzeit von zwei bis drei Monaten. Er bildet in dieser Zeit feste Köpfe mit großen Blättern, die sich sowohl als Gemüse dünsten oder roh als Salat nutzen lassen. Wie der verwandte Pak Choi ist der Chinakohl auf Wärme während der Anzucht angewiesen.

Die Aussaat im Freiland erfolgt deshalb im Sommer etwa von Juni bis August. Die reifen Köpfe können bei mildem Wetter bis in den Winter draußen bleiben und je nach Bedarf abgeerntet werden. Als typisches Spätsommer- oder Herbstgemüse ist der Chinakohl in vielen Sorten zur Nachkultur von Sommersalaten geeignet. Der Kreuzblütler kann auch mit Kopfsalat in Mischkultur gepflanzt werden.

Durch die lange Reifezeit bildet der Wirsing viel Traubenzucker, der den Geschmack verbessert.

Der Chinakohl kann auf dem Beet bleiben, bis erste strenge Fröste zu erwarten sind.

P = Pflanzung (von vorkultivierten Jungpflanzen

Kulturkalender für Gemüse (Auswahl)

Art/Monat		I	II	III	IV
Artischocke		A———————A			P———P
Aubergine			A———————A		
Bindesalat		PA————————————————————————————PA			
Blumenkohl		A————————PA			
Bohne					A
Brokkoli	Sommer				
	Winter	E————————E		PA	
Chicoree					A
Chinakohl					
Endivie					
Erbse			A———————A		
Feldsalat					
Fenchel					
Grünkohl		E————————E			
Gurke			A————————AP		
Kartoffel				P	
Knoblauch				P————————P	
Kohlrabi			A————————APAE		
Kopfsalat			PA————PAEPAE		
Kürbis				A————APA	
Mangold		E————————E————A			
Meerrettich			P————P		
Möhre			A		
Paprika				A————————A	
Pastinake				A————————A	
Petersilie			AE		
Pflücksalat			A————————AAE		
Porree	Sommer	A————————A		P————P	
	Herbst		A————————A	P————P	
	Winter			AE————AE	
Radieschen			A————————A		
Rettich			A————————A		
Rosenkohl		E————E————A			A
Rote Bete		E————E	A————AP		
Rotkohl			A————————A		
Schnittlauch			P————PE		
Schwarzwurzel		E————EA			A
Sellerie	Schnitt	A————————A			
	Knollen	A————————A			
Spargel				P————PPE————PEE	
Spinat			A————A		
Tomate				A————————A	
Topinambur		E————EPE————PEP————P			
Weißkohl			A————————A		
Wirsing			A————————A		
Zucchini				A————A	
Zuckermais				A————APA	
Zwiebel			A————A P————P		

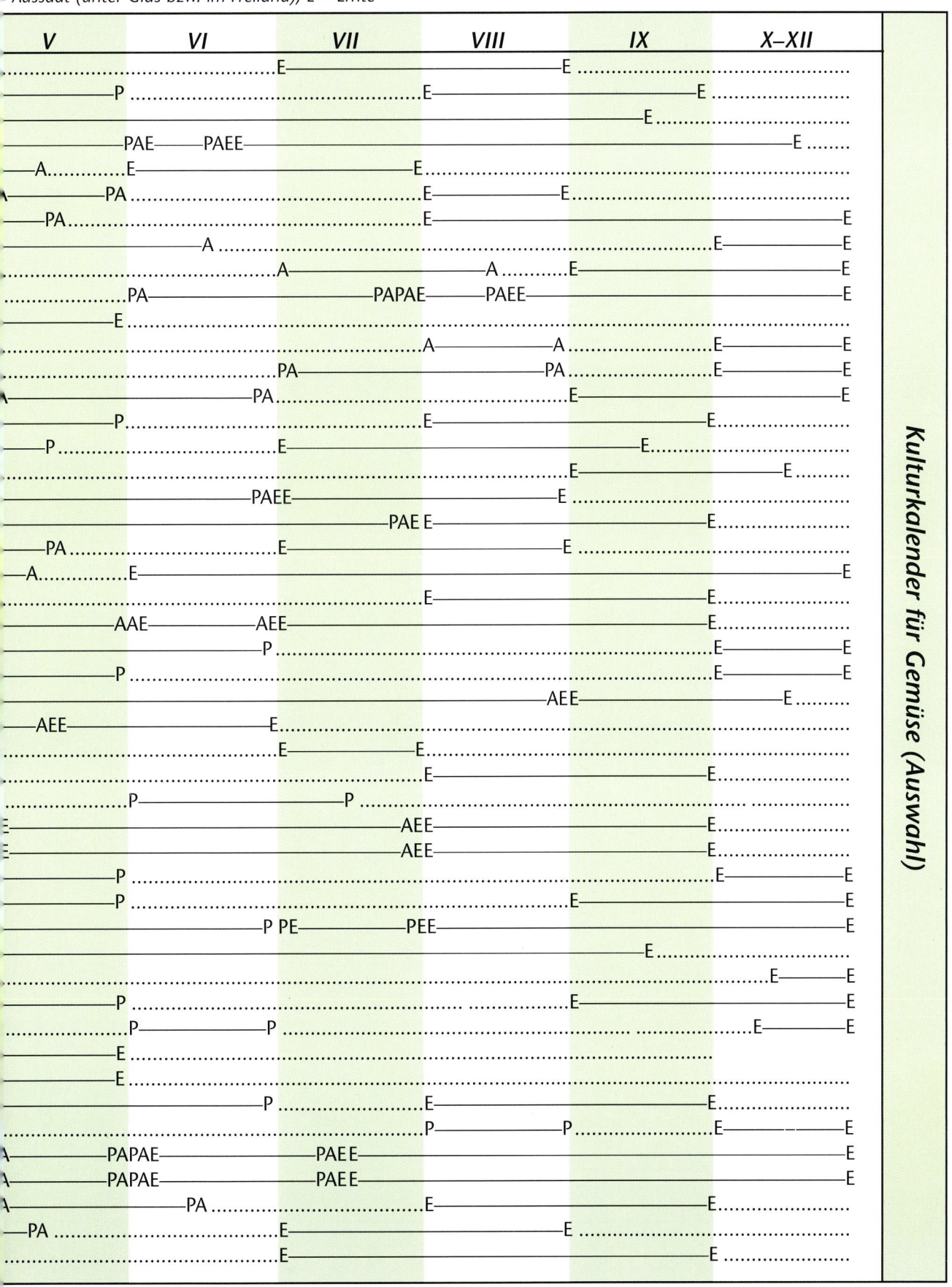

Kräuter im Kleingarten

Jeder kennt die wohltuende Wirkung von Salbei, Kamille oder Rosmarin, sei es als Tee, als Salbe oder als Bad. Ihr Wert für die Gesundheit ist Grund genug, diese und andere Kräuter und Heilpflanzen im Garten zu kultivieren. Immerhin sind viele von ihnen willkommene Zierpflanzen – und der Anbau ist auch kein Problem.

Alte Ziegel können einem Kräuterbeet einen schönen Rahmen geben. Sie sind allerdings nicht ganz frosthart.

Der Salbei ist ein typischer Halbstrauch. Er bringt im Sommer seine Lippenblüten hervor.

Der Anbau vieler Kräuter lässt sich praktisch „mit links" erledigen. Man nimmt eine Samentüte und streut das Saatgut einfach in ein gelockertes Beet. Wenige Wochen nach der Aussaat blühen die Sämlinge auf und bringen eine reiche Ernte. Auf diese Weise sind unter anderem Ringelblumen, Kamille und Malven zu vermehren. Wenn sie einmal angesiedelt sind, hat man solche Kräuter immer im Garten, weil sie leicht verwildern.

Natürlich wird man sie auch gezielt ansiedeln und kultivieren, zumal einige Arten schwieriger zu gewinnen sind und zudem etwas Pflege brauchen. Besonders die ausdauernden Stauden und Gehölze unter ihnen benötigen eine Vorkultur (zum Beispiel in Töpfen), günstige Plätze und ein wenig Fürsorge, so etwa die Zitronenmelisse oder der Salbei. Aber auch sie sind recht beständig, sobald sie im Garten angewachsen sind. Einige Kräuter und Heilpflanzen müssen nach der Pflanzung sogar eingedämmt werden, damit sie nicht zu sehr wuchern. Die Pfefferminze bekommt daher ein eingefasstes Beet, wo ihre Wurzelausläufer im Rahmen bleiben, es sei denn, sie darf in einer ungenutzten Gartenecke wild wachsen. Hier lässt sie kein anderes Kraut aufkommen, ist ein idealer Bodendecker und steht im Sommer stets zur Ernte bereit.

Gleichermaßen kann man andere Kräuter verwildern lassen oder streng arrangieren. Auf jeden Fall macht das riesige Sortiment eine Auswahl nötig, denn der Garten bietet meist nur eine begrenzte Fläche für diese Pflanzen.

Einige Arten gedeihen jedoch ebenso in Mischkultur und eignen sich vorzüglich zur Beipflanzung. Lavendel im Rosenbeet ist ein klassisches Beispiel, ebenso hat sich die Katzenminze als Bodendecker unter Rosen bewährt. Ringelblumen im Gemüsegarten vertreiben Wurzelschädlinge, Knoblauch, Kapuzinerkresse, Wermut und andere „Schutzpflanzen" wehren neben Läusen und Pilzkrankheiten auch andere Krankheiten und Schädlinge ab – es gibt also genügend Möglichkeiten, Kräuter- und Heilpflanzen im Garten anzusiedeln.

Zierpflanzen – Gehölze, Stauden, Sommerblumen

Den größten Teil der Gartenflora bilden Bäume und Sträucher. Sie sollten besonders sorgfältig gewählt werden, da sie viele Jahre zum Bestand der Anlage gehören. Etliche Arten zeichnen sich durch eine besondere Blütenfülle aus. Diese Gehölze kommen nicht nur als Solitäre zum Einsatz, sondern auch in Hecken.

Im Mai blühen neben Tafelobstbäumen auch Zierapfelbäume auf. Es gibt weiße, rote oder rosarote Sorten (hier Malus floribunda*).*

Blüten für das ganze Jahr

Die Blütezeit der Bäume und Sträucher dauert gewöhnlich nur wenige Wochen. Es lohnt sich also, geschickt auszuwählen und günstig zu arrangieren, damit rund ums Jahr etwas blüht. Wohl am auffälligsten ist die leuchtend gelbe Pracht der Forsythien, selbst wenn zur selben Zeit im April viele andere Arten aufblühen. Vorher und nachher ist der Flor

Der Flor beginnt im Frühjahr mit Zwiebelblumen, Blütenstauden und frühblühenden Sträuchern.

weniger üppig. Das liegt an der Natur der Pflanzen, die rechtzeitig blühen und von Insekten bestäubt werden müssen, um bis zum Herbst Zeit zur Fruchtreife zu haben.

Es gibt aber auch eine Reihe von Ziersträuchern, die vom natürlichen Rhythmus abweichen und zu anderen Zeiten blühen. Es sind vorwiegend Züchtungen, sogenannte Exoten aus anderen Ländern oder auch Arten, die nicht auf die Bestäubung durch Insekten angewiesen sind, sondern ihren Blütenstaub vom Wind verbreiten lassen. Besonders diese Arten und Sorten machen ei-

nen bunten Blütenreigen rund ums Jahr möglich.

So öffnet die Zaubernuss *(Hamamelis)* ihre gelben oder roten Fiederblütchen bei mildem Wetter mitten im Winter, sodass diese Sträucher im Schnee richtig auffällig wirken. Eine verwandte, aus Nordamerika stammende Art, *Hamamelis virginiana,* blüht nicht im Winter, sondern bereits im Herbst. Mit der Winterzaubernuss, die in verschiedenen Sorten zu bekommen ist, blühen die verwandten Haseln auf, deren Kätzchen durchaus attraktiv sind, besonders die roten Sorten. Zarte, duf-

Blütensträucher für Blütenhecken von A–Z (Auswahl)			
Art	Blütezeit	Farbe	Größe (ca.)
Amelanchier (Felsenbirne)	April	weiß	2–3 m
Buddleia (Sommerflieder)	Juni–September	rot, weiß, blau	2–3 m
Caryopteris (Bartblume)	August–Oktober	blau	1 m
Chaenomeles (Zierquitte)	April–Mai	rot	1–2 m
Cornus (Hartriegel)	je nach Art	weiß, gelb, rot	0,20–4 m
Corylus (Hasel)	Januar–März	gelb oder rot	3–5 m
Forsythia (Forsythie)	April	gelb	2–3 m
Hamamelis (Zaubernuss)	Januar–April	gelb, rot	2–3 m
Hibiscus syriacus (Eibisch)	Juli–August	weiß, rot, blau	1–2 m
Hydrangea (Hortensie)	Juni–August	rot, blau, weiß	1–2 m
Kerria japonica (Ranunkelstrauch)	April–Mai	gelb	1–2 m
Kolkwitzia (Kolkwitzie)	Mai–Juni	rosa	2 m
Lonicera (Heckenkirsche)	Mai–Juni	weiß-gelb, weiß-rot	2–3 m
Lonicera (Geißblatt)	Mai–Juni	weiß-gelb, weiß-rot	2–5 m
Malus (Zierapfel)	April–Mai	weiß, rot	3–4 m
Philadelphus (Pfeifenstrauch)	Juni–Juli	weiß	2–4 m
Perovskia (Blauraute)	August–Oktober	blau	1 m
Potentilla (Fünffingerstrauch)	Mai–Oktober	gelb	1 m
Prunus (Zierkirsche)	April–Mai	rosa	1–5 m
Rhododendron (Alpenrose)	April–Mai	rot, blau, gelb, weiß	0,50–3 m
Ribes sanguineum (Zierjohannisbeere)	April–Mai	rot	1–2 m
Rosa (Wildrose)	Mai–Juni	weiß, rosa, gelb	1–4 m
Rosa (veredelte Strauchrose)	Mai–Oktober	je nach Sorte	0,50–1,50 m
Spiraea (Spierstrauch)	je nach Art	weiß, rosa	0,50–2 m
Syringa vulgaris (Flieder)	Mai	weiß, blau, rot	3–5 m
Viburnum-Arten (Schneeball)	je nach Art	weiß	0,50–3 m
Weigelia (Weigelie)	Mai–Juni	rosa	1–3 m

tende Blüten bringt zu dieser Zeit zudem der Winterschneeball *(Viburnum fragrans)* hervor. Ein heimischer Winterblüher ist der Seidelbast *(Daphne mezereum)*, der sich aufgrund seiner Größe gut zur Unterpflanzung einsetzen lässt. Jedoch ist Vorsicht geboten: Alle Teile der Pflanze sind stark giftig.

Diese und andere Ziersträucher eignen sich vorzüglich als Solitäre, das sind besonders üppige Exemplare in freiem Stand oder als markante Blickpunkte in Staudenbeeten und Rabatten. Sie lassen sich ebenso in schönen, lockeren Blütenhecken gruppieren, die gleichzeitig einen dichten Sichtschutz bilden. Ausgewählte Blütensträucher können sogar nach der Blütezeit geordnet werden, sodass die Hecke sozusagen von vorn bis hinten durchblüht: Beginnend mit einem Haselstrauch, der von der Zaubernuss abgelöst wird, folgt dieser ein Schneeball, dann blühen Forsythien, Zierjohannisbeeren, Weigelien und weitere Frühblüher auf, danach bringen Sommerflieder, Zierstrauchrosen und Blaurauten bis in den Herbst hinein immer neue Blüten hervor.

Diese kleine Auswahl lässt sich beliebig ergänzen und mit weiteren Winter-, Frühjahrs-, Sommer- und Herbstblühern vervollständigen – je nach Geschmack und Fläche.

> **Tipp**
>
> Die farbenfrohen Bilder in den Katalogen regen leicht zum Kaufen an. Dagegen ist natürlich nichts einzuwenden, zumal jeder Strauch wertvoll ist. Bedenken Sie aber, dass die Blüten oft nur kurze Zeit halten, danach sind manche Arten weniger attraktiv. Achten Sie deshalb bei der Auswahl auch auf andere Eigenheiten, wie etwa ein schönes Laub, eine auffällige Herbstfärbung, dekorative Früchte oder eine ungewöhnliche Rindenzeichnung. Dann haben Sie länger Freude an den Pflanzen.

Edelrosen sind Dauerblüher. Sie lassen sich auch als niedrige Hecken arrangieren.

Ein Apfelbaum ist ohne Zweifel ein wertvolles Ziergehölz. Die Blüten entfalten sich je nach Sorte im April/Mai.

Nutzpflanzen mit dekorativen Blüten

Statt typischer Ziergehölze mit auffälligen Blüten können auch Obstgehölze den Garten schmücken. Ein Apfelbaum oder eine Süßkirsche steht einem Zierapfel oder einer Zierkirsche in der Blütenfülle nicht nach. Ein Obstbaum entwickelt aus den Blüten außerdem zahlreiche Früchte, die im Sommer oder im Herbst attraktiv wirken.

Blütenstauden

Zum Blütenreichtum tragen neben einjährigen Sommerblumen, die nicht nur in Kübeln und Kästen gedeihen, auch ausdauernde Blütenstauden bei, die viele Jahre hindurch zu bestimmten Jahreszeiten einen frischen Flor hervorbringen. Einige Arten entwickeln sich zunehmend üppiger. Astern, Rudbeckien oder Goldruten – um nur einige zu nennen – müssen sogar eingedämmt werden, damit sie nicht zu sehr wuchern. Für Ausläufer gibt es andernorts Bedarf. Mit Stauden ist ein reger Austausch über die Gartengrenzen hinweg gut möglich. Ein kleiner Staudenbestand lässt sich ohnehin einfach durch Teilung vermehren.

Die zunächst mickrig wirkenden Topfpflanzen aus dem Gartenmarkt oder aus Nachbargärten entwickeln sich recht rasch und kommen schon bald nach der Pflanzung zur Blüte.

Blütenstauden sollten günstig platziert werden, damit jede Art gut zur Wirkung kommt.

Bei der Staudenauswahl und -pflanzung sind deshalb Kenntnisse der Wuchshöhen, Standortbedürfnisse und Blütezeiten wichtig. Anders als bei Gehölzen lassen sich Pflanzfehler jedoch leicht wieder korrigieren. Stauden sind zwar im Frühjahr und Herbst problemlos versetzbar, doch sollten sie von Anfang an die richtigen Plätze bekommen.

Vor allem ausdauernde Arten wie Pfingstrosen, Federmohn und Staudensonnenblumen können bei guten Bedingungen sehr langlebige Büsche bilden.

Zwiebelblumen

Einen ähnlichen Wert haben Zwiebel- und Knollenpflanzen. Viele Züchtungen sind jedoch nur kurzlebig oder frostempfindlich und müssen immer wieder neu gepflanzt werden.

Wildarten, wie Krokusse, Schneeglöckchen und Wildtulpen, bilden ausdauernde Bestände, die sich flächig ausbreiten und jedes Jahr zuverlässig aufblühen. Sie vertragen keine Störungen etwa durch die Bodenbearbeitung oder durch frühzeitiges Abmähen oder Abschneiden der welken Blätter. Ausdauernde

Eine intensive Farbgestaltung ist mit satten Blütenfarben und Kombinationen machbar.

Ebenso wie ausgewählte Stauden können Ziergräser Akzente setzen. Gut geeignet sind Lampenputzer und Chinaschilf.

Dahlien bilden nach dem Pflanzen der Knollen im April bis zum Sommer üppige Blütenbüschel.

Zwiebelblumen dürfen in Ruhe abblühen, verwelken und einziehen, dann blühen sie nach der Ruhezeit im nächsten Jahr wieder auf.

Pflanzung

Nachdem der Boden tiefgründig gelockert und falls nötig verbessert ist, lassen sich die oft mickrig wirkenden Pflanzen austopfen und in den richtigen Abständen auf der Pflanzfläche verteilen. Wichtig ist, dass die Jungpflanzen feste, gut durchwurzelte Ballen haben. Sie wachsen dann rasch an und bringen bei einer Pflanzung im Frühjahr oft schon im selben Jahr blühfähige Büsche hervor. Zu beachten ist die richtige Pflanztiefe. Stauden dürfen nicht zu tief im Boden sitzen, sonst faulen sie. Am besten werden die Topfballen mit der Pflanzschaufel oder dem Spaten in flache Mulden gesetzt und vorsichtig angedrückt. Das Mulchen mit Rindenmulch nach der Pflanzung hält störende Kräuter zurück und erspart das Grasen im ersten Jahr. Später, wenn die Staudenhorste dicht zusammengewachsen sind, lassen sie ohnehin kein anderes Kraut mehr aufkommen.

Vermehrung

Die meisten Stauden sind ganz einfach durch Teilung vermehrbar. Dazu dienen kräftige Exemplare, die im Frühjahr oder Herbst ausgegraben und in gut bewurzelte Teilstücke zerlegt werden. Die „Jungpflanzen" haben dieselben Eigenschaften wie die „Mutterpflanze", die zerteilt wurde. Die Vermehrung ist ebenso durch Aussaat möglich. Bei der Saat im Frühjahr sind bis zum Sommer kräftige Jungpflanzen zu bekommen.

> *Tipp*
>
> Die Pracht der Blütenstauden ist sehr vom Wetter abhängig. Ein Sommergewitter kann die Blüte teilweise vernichten. Es lohnt sich deshalb, große Stauden schon im Frühjahr mit tragfähigen Stützen vor Windwurf zu schützen.

Stauden von A–Z (Auswahl)				
Art	Höhe (ca.)	Farbe	Blütezeit	Standort
Achillea filipendula (Schafgarbe)	120 cm	gelb	Juni–Aug.	vollsonnig
Achillea millefolia (Schafgarbe)	60 cm	weiß, rot	Juni–Sept.	vollsonnig
Aconitum napellus (Eisenhut)	130 cm	blau	Juli–Sept.	sonnig, schattig
Anemone hupehensis (Herbstanemone)	100 cm	rosa, weiß	Aug.–Okt.	halbschattig
Aquilegia vulgaris (Akelei)	50 cm	blau	Mai–Juni	halbschattig
Aruncus dioicus (Waldgeißbart)	150 cm	weiß	Juni–Juli	schattig
Aster dumosus (Kissenaster)	40 cm	rosa, blau	Aug.–Okt.	sonnig
Aster (Herbstastern)	130 cm	rot, blau	Sept.–Okt.	sonnig
Astilbe (Prachtscharte)	100 cm	rosa, weiß	Juli–Aug.	halbschattig
Bergenia (Bergenie)	30 cm	rosa	April–Mai	sonnig, schattig
Centaurea montana (Bergflockenblume)	50 cm	blau	Mai–Aug.	sonnig, schattig
Centranthus ruber (Spornblume)	60 cm	rot	Juni–Aug.	sonnig
Chrysanthemum maximum (Margerite)	80 cm	weiß	Juli–Sept.	sonnig
Coreopsis verticillata (Mädchenauge)	60 cm	gelb	Juni–Aug.	sonnig
Delphinium-Sorten (Rittersporn)	120 cm	blau	Juni–Juli	sonnig
Doronicum caucasicum (Gemswurz)	40 cm	gelb	April–Mai	sonnig
Echinacea purpurea (Purpursonnenhut)	100 cm	rot	Juli–Sept.	sonnig
Gaillardia (Kokardenblume)	50 cm	gelbrot	Juni–Sept.	sonnig
Geranium (Strochschnabel)	50 cm	rosa	Juni–Aug.	sonnig–schattig
Helenium (Sonnenbraut)	100–150 cm	gelb, braun	Juli–Okt.	sonnig
Helianthus decapetalus (Sonnenblume)	120 cm	gelb	Aug.–Sept.	sonnig
Helleborus niger (Christrose)	30 cm	weiß, violett	Dez.–März	sonnig, schattig
Hemerocallis (Taglilie)	80 cm	gelb, rot	Juni–Juli	sonnig, schattig
Iris barbata (Bartiris)	70 cm	bunt	Mai–Juni	sonnig
Ligularia (Kreuzkraut)	120 cm	gelb	Aug.–Sept.	halbschattig
Lupinus (Lupine)	80 cm	blau, rot, gelb	Juli–Aug.	sonnig, schattig

Stauden von A–Z (Auswahl)				
Art	Höhe (ca.)	Farbe	Blütezeit	Standort
Lychnis chalcedonica (Brennende Liebe)	70 cm	rot	Juni–Juli	sonnig
Lysimachia punctata (Goldfelberich)	60 cm	gelb	Juni–Aug.	sonnig, schattig
Monarda (Indianernessel)	100 cm	rot	Juli–Sept.	sonnig, schattig
Nepeta x faassenii (Katzenminze)	50 cm	blau	Mai–Okt.	sonnig
Paeonia officinalis (Pfingstrose)	80 cm	rot	April–Juni	sonnig, schattig
Papaver orientale (Türkenmohn)	70 cm	rot	Mai–Juni	sonnig
Phlox paniculata (Staudenphlox)	100 cm	weiß, rosa	Juni–Sept.	sonnig
Primula vulgaris (Gartenprimel)	20 cm	bunt	März–April	sonnig, schattig
Rudbeckia sullivantii (Sonnenhut)	70 cm	gelb	Aug.–Okt.	sonnig
Salvia nemorosa (Salbei)	30 cm	blau	Juni–Juli	sonnig
Sedum telephium (Fetthenne)	50 cm	rot	Sept.–Okt.	sonnig
Tradescantia andersoniana (Dreimasterblume)	50 cm	blau	Juli–Sept.	sonnig, schattig

Sommerblumen

Die sogenannten „Sommerblumen" sind meistens Züchtungen einjähriger Pflanzen, die ursprünglich aus verschiedenen Regionen der Erde stammen. Dazu gehören beispielsweise Petunien, deren Wildformen in Südamerika heimisch sind, oder Tagetes, die in Mexiko wild wachsen. Es gibt aber auch mehrjährige Arten, die nur einjährig kultiviert werden.

Dauerblüher aus eigener Vermehrung

Die bekanntesten Sommerblumen sind Geranien oder richtiger Pelargonien, die in ihrer südafrikanischen Heimat mannshohe Büsche bilden und botanisch zu den Gehölzen zäh-

Die einjährige Prunkwinde fällt mit ihren großen blauen Trichterblüten auf. Sie braucht eine Vorkultur im Haus.

Zierpflanzen – Gehölze, Stauden, Sommerblumen

Sonnenblumen gehen oft von selbst im Garten auf, wenn die Kerne des Vogelfutters keimen.

len. Auch Fuchsien, die vorwiegend von südamerikanischen Wildarten stammen, sind ausdauernde Gehölze, ebenso wie die vielen Zwergrosensorten.

Die meisten Sommerblumen sind jedoch krautige Pflanzen, die im Herbst absterben, nachdem sie Samen entwickelt und für ihren Arterhalt gesorgt haben. Sie werden deshalb auch vorwiegend durch Samen vermehrt. Für sortenreine Pflanzen ist jedoch Züchter-Saatgut nötig. Samen von eigenen Pflanzen bringen meistens weniger „wertvolle" Nachkommen hervor, zumal sie weniger auffällige Blüten tragen als die Mutterpflanzen.

Die Anzucht muss zeitig beginnen – bei Petunien beispielsweise schon im Januar, weil sie lange zum Keimen brauchen. Ausdauernde Arten, wie etwa Pelargonien, lassen sich einfacher und schneller durch Stecklinge ziehen, die im Herbst von erhaltenswerten Mutterpflanzen geschnitten und auf einer hellen Fensterbank in Töpfen mit lockerem Substrat bewurzelt werden. Jungpflanzen in allen möglichen Arten und vielen bunten Sorten sind im Mai (nach den „Eisheiligen") natürlich auch in Gärtnereien zu bekommen. Außerdem werden jedes Jahr Neuzüchtungen angeboten, sodass Blumenfreunde aus dem Vollen schöpfen können.

Anzucht Schritt für Schritt

Die Anzucht der Einjährigen beginnt rechtzeitig im Spätwinter oder im zeitigen Frühjahr. In der Regel ist die Saatzeit im März. Dann sind die Tage wieder lang und hell, das ist wichtig, damit die Sämlinge nicht „vergeilen". Eine zu frühe Aussaat lohnt sich nicht, denn bei Lichtmangel werden die Sämlinge zu langstielig. Nur für Sommerblumen mit langer Anzuchtzeit ist ein früherer Termin nötig, so etwa für Petunien und Pelargonien. Sie brauchen eine künstliche Beleuchtung, weil die Tage zur Saatzeit im Dezember/Januar noch trübe sind.

Beachten Sie deshalb bei der Auswahl der Sämereien deren Saatzeit und schaffen Sie entsprechende Bedingungen. Falls dies – etwa mangels Kunstlicht – nicht möglich ist, verzichten Sie besser auf schwierige Arten oder besorgen Sie sich die Jungpflanzen zur rechten Zeit beim Gärtner, der ideale Anzuchtbedingungen und zur Pflanzzeit ein gutes Angebot hat.

Die Anzucht von Tagetes, Kapuzinerkresse, Ringelblumen und vielen anderen schönen Sommerblumen ist dagegen leicht und bei einfachsten Bedingungen möglich. Bei Sämereien, die direkt ins Freiland gesät werden, erübrigt sich natürlich die Vorkultur in Töpfen.

Rasen und Wiese

Gräser sind eigentlich Unkräuter. Sie wuchern überall, auch dort, wo kein anderes Kraut zu wachsen vermag. Dennoch ist bei der Anlage einer Rasenfläche oder einer Wiese einiges zu beachten, damit die Gräser, Kräuter und Blumen langfristig gut gedeihen.

Der Wunsch nach einer Blumenwiese im Garten wird im Sommer beim Wandern in den Bergen oder an Flussläufen wach, wenn die Wiesen blühen oder schon Samenstände gebildet haben. Eine Wiese ist jedoch wesentlich empfindlicher als ein Rasen und braucht Zeit zur Entwicklung – es ist nicht leicht, ein solches Biotop im Garten zu schaffen.

Die Artenvielfalt ist vom Boden und von der Pflege abhängig. Oft keimen nur wenige Blütenpflanzen der ausgewählten Samenmischung oder sie gehen nach kurzer Zeit zugrun-

Der Zustand des Rasens richtet sich nach den Ansprüchen der Pächter und deren Pflegeaufwand.

Für halbschattige Lagen sollten spezielle Rasenmischungen ausgewählt werden.

de. Nebenbei siedeln sich andere, vielleicht unerwünschte, von selbst an, deren Wurzeln im Boden stecken oder deren Samen aus der Umgebung anfliegen. Die Anlage einer Wiese ist immer ein kleines Experiment.

Dagegen ist ein Rasen eine recht einfache Kultur. Die Gräsermischung keimt überall und breitet sich rasch zu einem grünen Teppich aus, der dann ohnehin radikal kurz zu halten ist. Er vergreist nur, wenn er vernachlässigt wird. Anders als eine Wiese braucht er keine Schonung, sondern regelmäßige Pflege. Die Entscheidung für einen Rasen oder eine Wiese wird deshalb auch von der Nutzung bestimmt. Wenn Kinder spielen wollen, ist eine strapazierfähige Rasenfläche geeigneter als eine Blumenwiese, die meist nur zum Anschauen oder zum Teil auch als Weide für Haustiere dient.

Rasen oder Wiese anlegen und pflegen

Die Entscheidung für einen Rasen oder eine Wiese ist unter anderem auch von der Lage, der Größe, der Zeit und Bereitschaft für die Pflege abhängig. Die Fläche sollte sonnig liegen. Allenfalls vertragen die Gräser und Wiesenblumen noch den lichten Schatten, etwa von Obstbäumen. Aber auch hier gibt es schon Einschränkungen. So lassen sich im Schatten dichter Baumkronen weder ein Rasen noch eine Wiese erfolgreich anlegen. Nur wenige Gräser und Blütenpflanzen vertragen auf Dauer den Schatten, da es immer feucht ist und sie ständig mit Moos zu kämpfen haben.

Auch für halbschattige Plätze eignen sich nur ausgewählte Rasenmischungen, insbesondere solche mit einem hohen Anteil an Gemeinem Rispengras (*Poa trivialis*). Saatgut für Rasen und Blumenwiesen ist im Fachhandel in vielen verschiedenen Mischungen erhältlich. Sie bestehen vorwiegend aus Straußgräsern (*Agrostis*-Arten), Schwingel (*Festuca*-Arten), Weidelgras (*Lolium perenne*), Lieschgras (*Phleum pratense*) und Rispengräsern (*Poa*-Arten) zu verschiedenen Anteilen – je nach Lage und Nutzung, zumal sie sich hinsichtlich der Schnittverträglichkeit, der Trittfestigkeit, der Schattenverträglichkeit, der Wuchskraft und anderer wichtiger Eigenschaften unterscheiden.

Mischungen für Blumenwiesen bestehen vor allem aus den niedrigen Arten dieser Gräser sowie aus Sämereien ausgewählter Blütenstauden und einjähriger Blumen. Dazu gehören Gelbklee, Esparsetten, Luzerne, Rotklee, Kornblume, Goldmohn, Wiesenknopf, Gänseblümchen, Labkraut, Braunelle, Wiesensalbei und viele andere, jeweils zu einem bestimmten Anteil.

Bodenvorbereitungen

Die Entwicklung der Gräser und Wiesenblumen wird stark vom Boden bestimmt. Entscheidend für eine rasche Keimung und gutes Gedeihen sind die Bodenart, insbesondere der pH-Wert (Säuregrad) und der Zustand.

Während die meisten Gräser leicht sauren Boden bevorzugen, entwickelt sich das Gros der zweikeimblättrigen Blütenpflanzen, also der meisten Wiesenblumen und Kräu-

Ein dichter Rasenteppich ohne Unkraut ist nur durch eine intensive Pflege zu

Rasen und Wiese

bekommen.

ter, nur auf neutralem bis leicht kalkhaltigem Boden zufriedenstellend. Auf saurem Boden keimen sie nicht oder sie verkümmern. Mit Ausnahme von Feuchtwiesenpflanzen, die kurzzeitige Überschwemmungen hinnehmen, vertragen sie keine Nässe – obwohl natürlich alle Arten zum Keimen und Wachsen genügend Feuchtigkeit brauchen.

Auf jeden Fall ist ein guter Wasserabzug wichtig. Vor der Anlage eines Rasens oder einer Wiese muss der Boden gelockert und gegebenenfalls mittels Drainage entwässert werden. Je nach Bodenart sind Verbesserungsmittel nötig. Für die Lockerung schwerer Böden mit hohem Lehm- oder Tongehalt ist Sand das beste Mittel. Er wird flächig verteilt und eingefräst. Leichter Boden braucht in der Regel keine Verbesserung, insbesondere nicht für die Anlage einer Blumenwiese. Die Blumen und Kräuter sind sehr genügsam und gedeihen auf mageren Böden sehr viel besser als auf nährstoffreichen.

Aussaat

Wenn der Boden verbessert, gelockert und planiert ist, steht der Aussaat nichts mehr entgegen. Je nach Lage und Nutzung wird nun eine passende Rasensamen- oder Blumenwiesenmischung besorgt und in die vorbereitete Fläche eingesät. In der Regel rechnet man pro Quadratmeter mit etwa vierzig Gramm Saatgut. Bei der Aussaat von Hand darf es gern etwas mehr sein, da die Verteilung weniger gleichmäßig geschieht als mit der Maschine.

Wenn sie nicht gestört werden, breiten sich Gänseblümchen flächig aus.

Im Übrigen sollte die Fläche schön dicht bedeckt sein. Die Aussaat geschieht vorzugsweise bei windstillem Wetter, sonst hat man mehr Samen in den anliegenden Beeten als auf der künftigen Grünfläche. Nicht jeder Düngewagen ist für das feine, leichte Saatgut geeignet. Einfache Geräte verteilen die Samen eher ungleichmäßig.

Einharken, andrücken und anfeuchten

Sobald die Samen gleichmäßig verteilt auf dem Boden liegen, sind die Voraussetzungen für die Begrünung im Prinzip geschaffen. Damit die Saat aber möglichst rasch, zuverlässig und gleichmäßig aufgeht, sollten die Keimbedingungen verbessert werden.

Das geschieht durch nachfolgendes Einharken mit einem Rechen oder einer Igelwalze, um das Verwehen der leichten Samen zu verhindern. Dabei dürfen die feinen Samen nicht zu tief eingegraben werden, weil sie nur eine geringe Erdauflage vertragen. Es geschieht deshalb vorsichtig und oberflächlich.

Das Andrücken oder Festtreten mit einer Rasenwalze oder selbstgebastelten Brettschuhen bewirkt einen „Bodenschluss": So wird der Samen in den direkten Kontakt mit der Erde gebracht, der zum Austrieb und zur Wurzelbildung nötig ist. Achten Sie darauf, dass keine Löcher oder Mulden in die Bodendecke getreten oder gewalzt werden.

Abschließend wird per Schlauch oder Kanne angegossen und der Samen für eine baldige Keimung befeuchtet. Beim Angießen ist es wichtig, den Boden mit einem feinen Sprühregen zu benetzen und tiefgründig zu durchfeuchten, ohne dass dabei die Saat ausgeschwemmt wird. Sobald die Samen angefeuchtet sind, beginnt die Keimung.

Feucht halten
Nach der Rasensaat ist eine ausreichende Wasserversorgung besonders wichtig. Das Saatgut kann nach dem Säen durchaus tagelang ohne Bewässerung liegen bleiben, nur keimt es dann nicht. Sobald es aber einmal – etwa nach einem Regenschauer – angefeuchtet ist, muss es ständig feucht gehalten werden, sonst trocknen die zarten Keimlinge aus. Die Bewässerung kann bei kleinsten Flächen mit der Gießkanne geschehen, bei größeren ebenso von Hand mittels Schlauch und Düse oder bei großen Rasenflächen mit einer entsprechenden Beregnungsanlage.

Ruhen lassen
Während der Keimung und bis sie bestockt sind, das heißt, bis sie sich gut bewurzelt und buschig entwickelt haben, brauchen Gräser und Blumenkeimlinge Schonung. Dazu wird die Saatfläche am besten eingegrenzt und vor Menschen und Tieren geschützt. Unter diesen Bedingungen wachsen die Sämlinge schön dicht auf, sodass die Fläche je nach Wetter bereits nach etwa 14 Tagen zart grün ist.

Pflege

Beim Rasen beginnt die Pflege mit dem ersten Schnitt, sobald die Halme hoch genug gewachsen sind. Der frühe und regelmäßige Schnitt den Sommer hindurch ist wichtig, damit die einzelnen Gräser gut bestocken und kräftige Büschel entwickeln. Hierzu ist ein gutes Gerät mit scharfer Klinge nötig, das nicht rupft, sondern glatt abschneidet. Wenn es gelegentlich ausreichend regnet, braucht der Rasen zunächst keine weitere Pflege. Bei Trockenheit muss bewässert werden.

Die junge Wiese darf nach der Keimung natürlich nicht gemäht werden. Erst nach der Blüte und Samenreife oder im Herbst, sobald sich die Wiesenpflanzen gut entwickelt haben, ist der erste Schnitt fällig. Die Gräser und die Zweikeimblättrigen sind winterhart.

Rasen vertikutieren

Mit dem Schnitt beginnt eine Rasenkur, die marode Flächen wieder fit macht. Der Rasen wird zunächst kurz gemäht, damit er sich leichter lüften lässt. Das Lüften oder Vertikutieren wird am besten mit einer leistungsfähigen Maschine durchgeführt. Es hilft den Gräsern und schadet dem Moos und ist während der ganzen Saison auch den Sommer hindurch möglich. Die rotierenden Messer rupfen das Moos und den alten Rasenfilz aus und schaffen Platz für die Grasbüschel. Das schafft auch der Vertikutierrechen, aber nur mit Mühe.

Auf jeden Fall kommt eine Menge Material zusammen, das abgerecht und kompostiert wird. Die Steine werden ebenfalls mit abgerecht; sie landen in einer Gartenecke. Der Rasen sollte während der Bearbeitung nicht nass sein, sonst rupfen die rotierenden Messer auch Grasbüschel aus dem weichen Boden. Zu trocken sollte er aber auch nicht sein, damit der Vertikutierer keinen Staub aufwirbelt. Eine Blumenwiese darf natürlich nicht vertikutiert werden! Die Messer würden sonst auch die Blütenpflanzen ausrupfen oder zerschneiden.

Kahlstellen ausbessern

Nach der Prozedur sieht die Rasenfläche ziemlich gerupft aus, zumal mit dem Moos und dem Rasenfilz auch breitblättrige Kräuter, Klee und dergleichen unter die Messer geraten. Die Gräserbüschel werden beim Lüften zerschnitten. Das schadet ih-

Stauden, Kräuter und Zwiebelblumen pflanzen

Schneller und zuverlässiger als durch die Aussaat lässt sich eine Wiese durch die Pflanzung bereits kräftiger Stauden schaffen. Dazu werden vorkultivierte Topfpflanzen in Gruppen eingesetzt. Das kann in einem bereits bestehenden Rasen erfolgen oder auch im Zuge einer Neuanlage. Geeignet sind beispielsweise Margeriten, Lupinen, Skabiosen und andere typische Wiesenblumen sowie Kräuter und Zwiebelpflanzen. Im Herbst ist die Ansiedlung von Krokussen, Narzissen und anderen Zwiebelblumen auch durch das Stecken von Zwiebeln möglich.

nen nicht, sondern regt sie zum Wachsen an. Kleine Lücken wachsen von selbst zu. Bei größeren Kahlstellen ist es empfehlenswert mit Grassamen nachzuhelfen.

Vorher wird ein wenig Komposterde mit Sand vermischt und eingerecht, um die Löcher aufzufüllen. Die Saat keimt bei Feuchtigkeit und mildem Wetter in wenigen Tagen. Bis die Grasnarbe wieder dicht ist, darf sie nicht strapaziert werden.

Rasenkanten

Rasenflächen sollten von den umliegenden Beeten abgegrenzt sein, sonst kriechen die wüchsigen Gräser zwischen die Stauden, Rosen oder Zwiebelpflanzen und lassen sich nur noch mit Mühe ausrupfen.

Die einfachste Lösung ist, mit dem Spaten von Zeit zu Zeit Kanten abzustechen. Gestochene Rasenkanten sehen gepflegt aus. Sie bleiben aber nur eine gewisse Zeit erhalten, da sich Gräser ausbreiten und nach außen wachsen.

Beständiger bleiben Rasenkanten, die mit Steinen befestigt sind. Auch dazu wird zunächst eine Kante gestochen oder ein schmaler Graben gezogen, je nachdem, welche Steine als Kantensteine dienen. Für schmale Einfassungsplatten aus Beton ist ein schmaler, tiefer Graben nötig. Für Pflasterklinker oder Granitsteine genügt eine flache Mulde, in die sich die Steine Stück für Stück bündig zur Oberfläche einlegen lassen. Die flache Einfassung hält die Rasengräser ausreichend in Zaum.

Pflegetipps

- Die Rasengräser sind wesentlich vom Wetter abhängig. Was im Mai in einer Woche wächst, braucht im August den ganzen Monat – das wirkt sich natürlich auch auf die Pflege aus. Deshalb lohnt sich die Düngung nur in der Vegetationszeit der Gräser. Im Winterhalbjahr ist eine Nährstoffversorgung unnütz und schädlich, weil schnelllösliche Dünger ausgewaschen werden.

- Ein guter Rasenmäher wirkt sich sehr auf den Zustand der Rasenfläche aus. Profis arbeiten mit einem Spindelmäher (Walzenmäher), wenn es der Rasentyp erfordert (zum Beispiel in gepflegten Anlagen). Dieser Mäher schneidet die Halme ab. Im Garten ist auch ein Sichelmäher mit geschliffenem Messer gut genug. Der Mäher muss der Geländeart und -größe angemessen sein. Bei Hanglage oder bei großen Flächen sollte ein Mäher mit Radantrieb zur Verfügung stehen.

- Wasser ist das beste Pflegemittel für Rasengräser. Sie nehmen aber auch anhaltende Trockenheit hin. Braune Stellen werden rasch wieder grün, wenn sie Regenwasser bekommen. Es lohnt sich, für Trockenzeiten Regenwasser in einer Zisterne zu sammeln, dann steht es jederzeit kostenlos zur Verfügung.

Pflegefehler

- Zu viel Wasser ist schädlich: Ständige Feuchtigkeit fördert die Moosentwicklung, Moos aber hemmt das Wachstum der Gräser. Vermeiden Sie also ständiges Beregnen und lassen Sie den Rasen immer wieder abtrocknen.

- „Viel hilft viel", das gilt bei der Rasendüngung nur mit Einschränkung. Gräser können nur eine gewisse Nährstoffmenge verbrauchen, eine zu hohe Dosierung ist schädlich.

- Das Befahren der Rasenfläche vor oder auch während der Anlage mit schweren Maschinen hat Bodenverdichtungen zur Folge. Falls das Grundstück etwa bei Bauarbeiten mit schweren Fahrzeuge befahren wurde, ist eine gründliche Bodenlockerung mit einem Tiefenlockerer sehr zu empfehlen.

- Haustiere kann jeder Rasen vertragen. Ständiges Urinieren auf dieselben Stellen hat jedoch Verbrennungen zur Folge. Besonders Hunde sollten genügend Auslauf bekommen.

Rollrasen legen

Der Rollrasen hat sich besonders im Sportplatzbau bewährt. Die aufgerollten Rasensoden mit 1,50 m Länge und 50 cm Breite wurzeln nach dem Ausbreiten in wenigen Tagen an und sind sofort bespielbar. Diese rasche Begrünung kann natürlich auch im Kleingarten erwünscht sein, wenn die Kinder nicht lange auf einen dichten Rasenteppich warten wollen.

Die Qualität lässt keine Wünsche offen. Die lebenden Teppiche sind unvergleichlich dicht und völlig unkrautfrei, haben allerdings ihren Preis, der je nach Abnahmemenge variieren kann. Hinzu kommen noch die Transportkosten, sowie die Kosten für die Bodenvorbreitung und das Auslegen, wenn damit eine Gartenbaufirma beauftragt wird. Wer sich für diesen Rasentyp entscheidet, sollte rechtzeitig bestellen. Die Meterware muss unverzüglich nach dem Schälen (mit einer Spezialmaschine) verarbeitet werden. Wenn die Rollen lange liegen, beginnt das Gras zu faulen. Achten Sie beim Kauf also auf völlig gesunde Ware ohne Flecken.

Rasenkantensteine sollten bündig im Boden sitzen. Dann behindern sie beim Mähen nicht.

Umwelt und Technik

Naturschutz im Schrebergarten

Gartenpflege mit Augenmaß

Gartengeräte – die Grundausstattung

Sonnenenergie im Garten

Naturschutz im Schrebergarten

Der Leitsatz „Die Natur braucht uns nicht, aber wir brauchen die Natur" lässt sich nicht auf den Garten übertragen – jeder Garten braucht mehr oder weniger Pflege. Allerdings sollte nicht gegen, sondern mit der Natur gearbeitet werden. Diese Einstellung hat sich in den vergangenen Jahren auch bei den Kleingärtnern durchgesetzt.

Der Purpursonnenhut (Echinacea purpurea) hat sich als wertvoller Nektarspender für Hummeln bewährt – besonders im Sommer, wenn wenig blüht.

Das zunehmende ökologische Bewusstsein hat auch vor den Schrebergarteninseln nicht Halt gemacht. Gewiss greifen auch heute noch etliche Freizeitgärtner zu schnell zur Spritze, beispielsweise gegen Blattläuse auf Rosen oder Gespinstmotten in Sträuchern. Die meisten Pächter aber haben sich den vorschnellen Einsatz von Pflanzenschutzmitteln abgewöhnt, sodass die Gemüse und Obstpflanzen von den giftigen Präparaten verschont bleiben.

Fast immer gibt es Ersatzmittel oder unbedenkliche Methoden gegen Krankheiten und Schädlinge. Der beste Pflanzenschutz ist ohnehin eine gezielte Auswahl hinsichtlich des Standorts. Wer beispielsweise in schattiger Nordlage Rosen pflanzt, muss immer mit Krankheiten rechnen. Hier passen weniger lichtbedürftige Schattenstauden oder Gehölze besser.

Dasselbe gilt für Obst. Pfirsichbäume sind frostgefährdet, die Pflanzung kommt also nur in milden Lagen oder an geschützten Plätzen in Frage. Weiterhin sind gute Sorten und günstige Kombinationen zu beachten, Mehltau beispielsweise lässt sich durch resistente Sorten vermeiden. Grundsätzlich sind Mischkulturen gesünder als große Bestände einzelner Arten, sogenannte Monokulturen.

Tiere im Garten ansiedeln

Vor allem die Ansiedlung von Nützlingen wirkt sich vorteilhaft auf die Gartenvegetation aus. So dezimieren Meisen und andere Singvögel

Stein- und Holzhaufen bieten Eidechsen, Kröten, Hummeln und anderen Nützlingen Unterschlupfmöglichkeiten.

schädliche Insekten, Igel verzehren Schnecken, Bienen bestäuben Blüten und sind maßgeblich für die Befruchtung zuständig, nebenbei liefern sie Honig. Singvögel, Igel, Marienkäfer und andere nützliche Tiere kommen von selbst in den Garten. Sie bleiben aber nur, wenn sie Brutplätze, Unterschlupfmöglichkeiten und Nahrung finden.

Sogenannte Halbhöhlen werden auch von Rotschwänzchen und Bachstelzen aufgesucht.

Überaus gepflegt aussehende Gärten kommen mehr und mehr aus der Mode. Gefragt sind wieder üppige Anlagen mit Blumenwiesen, Staudenbeeten und Blütensträuchern, die gleichzeitig vielen Tieren zugute kommen. Beliebt nach Auskunft der Gartenfachberater ist derzeit der „pflegeleichte Bauerngarten". Dieses Ideal gibt es natürlich nicht, denn besonders Bauerngärten brauchen viel Pflege, zumal hier viele verschiedene Pflanzenarten kultiviert werden.

Dennoch ist diese Hinwendung zu üppigerem Wachstum zu befürworten, denn artenreiche Gärten sind ökologisch wertvoller als adrette „Koniferen-Rasen-Gesellschaften". Selbst wenn es in manchen Städten oder Kleingartenkolonien bereits Aufforderungen zur Beseitigung von Nadelbäumen gibt – auch diese Anlagen haben ihre Berechtigung und ihren Wert. Besonders im Winter bieten sie sehr vielen Kleinstlebewesen Schutz. Das zeigt sich beispielsweise im Verhalten von Meisen, die sich im Winter besonders gern im Dickicht der Nadelbäume aufhalten und die Zweige auf der Suche nach Futter mit den Schnäbeln abklopfen.

Naturschutz im Schrebergarten

Wildbienen brauchen Brutröhren zur Eiablage. Dazu eignen sich Bohrungen in einer Lehmwand.

Lebensräume schaffen

Alte, auch bereits vergreisende Laub- und Nadelbäume sind ein Segen für Insekten. In den Ritzen der Rinde finden Marienkäfer, Schlupfwespen und viele andere Tiere einen Unterschlupf, schon allein deshalb sind sie erhaltenswert.

Wo alte Bäume fehlen – etwa in jungen Gärten – können Unterschlupfmöglichkeiten auch künstlich geschaffen werden. Sehr bekannt sind Nisthöhlen für Ohrwürmer. Die mit Holzwolle gefüllten Blumentöpfe werden gern von diesen Blattlausfeinden angenommen. Nisthilfen

Sonnenblumen sind ein Segen für Bienen und Hummeln. Die Kerne dienen später den Singvögeln.

werden jedoch nicht nur von erwünschten Bewohnern aufgesucht, sondern auch von weniger willkommenen. Wespen bauen ihre kunstvollen Papiernester beispielsweise auch in leerstehende Vogelnistkästen. Sofern das nicht direkt neben der Terrasse geschieht, stört es meistens nicht. Immerhin sind auch Wespen nützlich, denn sie ernähren sich unter anderem von Insekten. Wespen gehören wie die verwandten Hornissen zu den Hautflüglern.

Hummeln, speziell Erdhummeln, siedeln in Hohlräumen im Boden, die sich mithilfe von Steinen oder umgedrehten Blumentöpfen schaffen lassen. Auch durch die Aussaat und Pflanzung von Blütengewächsen lässt sich die Ansiedlung von Hummeln begünstigen, ebenso von Flor-

fliegen und anderen nützlichen Insekten. Vor allem Edeldisteln wie Kugeldistel (*Echinops*-Arten), Alpendistel (*Eryngium alpinum*) oder auch Silberdistel (*Carlina acaulis*) sind bevorzugte Nektarquellen und werden mit ziemlicher Sicherheit von Hummeln angeflogen. Von besonderer Anziehungskraft sind auch Mohngewächse und Sonnenhüte (*Echinacea*).

Hummeln sind wie Wespen nur einjährig und sterben im Herbst. Nur die befruchteten Königinnen überwintern und gründen im nächsten Jahr neue Völker.

Die wertvollsten Hautflügler sind wohl die Bienen. Honigbienen werden ohnehin in eigenen Behausungen angesiedelt. Den Wildbienen, die für die Bestäubung der Blüten

Eine Insekten-Nistwand lockt viele nützliche Insekten an. Zur Ausstattung gehören Ziegel, Holzklötze mit Bohrungen, Bündel aus Schilfrohr und andere Materialien.

Naturschutz im Schrebergarten

Schon im Frühjahr sind Hummeln und Bienen auf Nektarquellen angewiesen. Krokusse und andere Zwiebelblüher spenden die ersten Blütenpollen im Jahr.

Wo Tiere sich wohlfühlen

Ohne gewisse Grundkenntnisse ist die Ansiedlung und damit auch der Bau von Nisthöhlen und Nisthilfen wenig aussichtsreich. So müssen etwa die Einschlupflöcher der Nistkästen für Vögel richtig bemessen sein, damit die gewünschten Arten gerade durchpassen, andere aber draußen bleiben. Die Ausrichtung nach Osten hat den Vorteil, dass die Kästen innen nicht nass werden. Wichtig sind auch ausreichende Abstände, um unnötige Revierkämpfe zu vermeiden. Keinesfalls dürfen giftige Holzschutzmittel zum Einsatz kommen. Das Verteilen von Vogelnistkästen sollte bereits im Winter erfolgen, rechtzeitig vor der Brutzeit. Sie stehen den Tieren dann im nächsten Sommer als Bruthöhlen zur Verfügung. Allerdings suchen die gefiederten Gartengäste die Kästen auch als Schlafhöhlen auf.

Besonders brütende Vögel brauchen naheliegende Tränken, gut einsehbar und ohne die Gefahr, von Katzen überrascht werden zu können. Stare fallen oft nur deshalb über Kirschen und Weintrauben her, weil sie hier – mangels Wasserstellen – am einfachsten ihren Durst stillen können. Sie lassen sich während der Reifezeit des Obstes leicht mit Netzen abhalten. Diese müssen aber richtig angelegt sein, damit sie nicht zur Falle werden.

Eine Igelhöhle gehört nicht neben eine Straße, sondern muss in einer abgeschiedenen Ecke angelegt werden.

Neben den passenden Wohnungen sind geeignete Futterpflanzen nö-

genauso wichtig sind, kommen Nisthilfen etwa aus Ziegeln oder Holzbündeln und dergleichen zugute. Sie laden zum Bebrüten ein.

Libellen kommen oft von selbst in den Garten, wenn sie eine Wasserstelle vorfinden. Sie fangen Stechmücken und andere Insekten weg. Wie schwierig es ist, Nützlinge und Schädlinge zu trennen, wird am Lebenszyklus der Marienkäfer deutlich. Die beliebten Käfer kommen nur in den Garten, wenn sie Blattläuse finden. Sobald sie diese Pflanzensauger vernichtet haben, suchen sie neue Futterquellen und verschwinden wieder. Es ist also durchaus günstig, wenn auch eine überschaubare Menge an Schädlingen erhalten bleibt. Denn ohne Schädlinge gibt es auch keine Nützlinge – und beide dienen vielen Singvögeln als unverzichtbare Nahrungsquelle.

Vogelart	Maße für Vogelnistkästen			
	Befestigung (Höhe)	Flugloch Ø	Maß (innen)	Brutbeginn Monat
Blaumeise	1,5–4 m	26–28 mm	14 x 14 x 25 cm	April
Haussperling	1,5–3,5 m	32–34 mm	14 x 14 x 25 cm	April
Kleiber	1,5–3,5 m	32–47 mm	14 x 14 x 25 cm	April
Kohlmeise	1,5–4 m	32–34 mm	14 x 14 x 25 cm	April
Rauchschwalbe	2–4 m		Stützbrett 12 x 12 cm	Mai
Rotschwanz	1,5–3,5 m	50 mm	14 x 14 x 25 cm	Mai
Star	3–10 m	45–50 mm	16 x 16 x 32 cm	April

tig, deshalb passt ein Hummelbau zum Beispiel am besten neben eine Blumenwiese. Natürlich darf auch der Abstand zum Gemüsegarten nicht zu groß sein – immerhin sollen sie keine langen Strecken zu Tomaten und anderen Gemüsen fliegen müssen. Hummeln gehören wie Honigbienen zu den wichtigsten Bestäuberinsekten. Schmetterlinge suchen mit ihren langen Rüsseln bevorzugt röhrenförmige Blüten auf. Neben Sommerflieder sind Rachenblütler wie Salbei, Lavendel und Minze gute Nektarquellen, zumal sie im Sommer blühen, wenn sonst wenig zu finden ist.

Selbstverständlich sollte der Tisch für Insekten und Vögel während der ganzen Saison gedeckt sein – sonst suchen sie ihre Futterquellen woanders. Bienenweiden und Insektennährpflanzen gibt es mit Haseln, Winterheide und Kornelkirsche schon im Spätwinter. An der Besenheide und Bartblumen können sie sich noch im Herbst laben. Zwischenzeitlich steht der Flor der Frühjahrsblüher reichlich zur Verfügung und im Sommer bieten unter anderem Wiesenblumen und Blütenstauden Nahrung.

Vorzügliche Bienenfutterpflanzen sind der gelbe Senf und die blaue Phacelia. Sie bieten sich gleichzeitig als ideale Gründüngerpflanzen für freie Flächen im Garten an.

Vögel können im Sommer ohnehin aus dem Vollen schöpfen, der Winterspeiseplan dagegen sieht spärlicher aus. Hier lohnt es sich, mit heimischen Fruchtgehölzen wie Schlehen, Vogelbeerbäumen, Weißdorn und dergleichen für ein bisschen Abwechslung zu sorgen.

Tipp

Imprägnieren Sie Nistkästen nicht mit giftigen Mitteln. Das Holz bleibt am besten naturbelassen. Ein konstruktiver Holzschutz, etwa durch schräg aufgesetzte Dächer oder durch das Abdecken mit einem verzinkten Blech schützt das Holz vor Nässe und vorzeitiger Verwitterung. Vor der Brutzeit im Frühjahr sollten die Kästen gereinigt werden.

Blaumeisen brauchen einen Kasten mit kleinem Flugloch, damit sie nicht mit größeren Singvögeln konkurrieren müssen.

Gartenpflege mit Augenmaß

Die Pflege des Gartens richtet sich im Wesentlichen nach der Bepflanzung. So kommen Anlagen, die naturnah gestaltet sind, mit weniger Pflege aus als streng geordnete Gärten. Eine zurückhaltende Pflege kommt sowohl den Pflanzen als auch dem Pflegepersonal gleichermaßen zugute.

Seit der ökologische Gartenbau in Kleingärten mehr Beachtung findet, haben sich auch hier Methoden und Geräte durchgesetzt, die den Garten schonend behandeln und zudem die Arbeit erleichtern.

Mulchen

So wirkt sich beispielsweise das Mulchen des Bodens ganz wesentlich auf die Verbesserung der Fruchtbarkeit aus, außerdem erspart diese Methode dem Gärtner das ständige mühsame Hacken. Mulchmaterialien wie Rasenschnittgut, Laub oder Rindenmulch tragen zur Humusversorgung bei, zumal diese organischen Stoffe langsam verrotten und von Bodenlebewesen in fruchtbare Erde umgewandelt werden. In dieser Zeit schützt die Mulchschicht nicht nur vor Austrocknung bei Hitze, sondern auch vor Verschlämmung nach heftigen Regenfällen und vor Kahlfrost im Winter. Zudem hält sie störende Gräser und Kräuter in Schach, die auf ungemulchten Flächen beste Bedingungen zum Keimen haben.

Das Mulchen schont den Boden ebenso wie das Pflegepersonal. Die Mulchschicht sollte möglichst dick aufgetragen werden, damit sie lange erhalten bleibt. Insbesondere in Neuanlagen sollte der Boden nach der Pflanzung unter Gehölzen und in Hecken mit etwa 10 cm Rindenmulch abgedeckt werden. Die Schicht bleibt dann einige Jahre wirk-

Wildblumenwiesen entwickeln sich von selbst, wenn sie sich aussäen und ausbreiten dürfen.

Rasenschnittgut ist ein nützlicher Rohstoff. Das stickstoffhaltige Material kann zum Beispiel als Mulch auf den Baumscheiben verteilt werden.

sam. Bis dahin wachsen die Sträucher kräftig an und bilden dichte Bestände. Die frischen Faserwurzeln bleiben vor Beschädigungen durch das ständige Hacken verschont, das sonst zur Bodenlockerung und Unkrautvernichtung nötig wäre.

Das Abdecken mit Rindenmulch hat sich auch in neuen Staudenbeeten bewährt. In Gemüsekulturen und Sommerblumenrabatten sind jedoch krautige Pflanzenteile besser geeignet als das holzige Rindenmaterial. Hier lässt sich das Schnittgut vom Rasenmähen zum Mulchen nutzen oder spezielle Mulchfolie, vor allem, wenn Gurken, Zucchini oder andere wärmebedürftige Gemüse in den Beeten gedeihen.

Rindenmulch ist übrigens nicht einfach zerkleinerte Rinde von Bäumen, sondern wird durch Fermentation

Gehäckseltes Holz eignet sich zum Mulchen unter Hecken oder als Belag auf Nebenwegen.

erzeugt. Frische Rinde aus dem Wald ist weniger zum Mulchen geeignet, da sie Harze, Lignin und andere Stoffe enthält, die für viele Gartengewächse unverträglich sind.

Gründüngung

Ebenfalls gut für den Boden ist das Bedecken freier Flächen mit Pflanzen. Dafür haben sich insbesondere schnell keimende Kräuter und Blumen bewährt, die in wenigen Wochen einen dichten Bewuchs bilden. Zu diesen sogenannten Gründüngerpflanzen gehören Ringelblumen, Tagetes, Sonnenblumen, Gelbsenf und Phacelia. Damit lassen sich Brachflächen einsäen, für die vorerst kein Bedarf ist, weil beispielsweise die Parzelle erst im Spätsommer übernommen wird.

Nach dem Abwelken im Herbst werden die Gründüngerpflanzen in den Boden eingegraben. Sie verrotten und tragen zur Humusversorgung bei. Während der Wachstumszeit schützt die dichte Pflanzendecke den Boden. Zur Blütezeit tragen die Gründüngerpflanzen zudem zur Gestaltung bei. Die Aussaat schnell keimender Arten wie Gelbsenf ist auch im Frühherbst noch möglich. Eine ähnliche Wirkung haben Bodendecker wie Dickmännchen), Heckenkirschen und Felsenmispeln, die langfristig zur flächigen Begrünung oder

Die Gründüngung mit Lupinen fördert die Nährstoffversorgung, zumal Leguminosen Stickstoff binden können.

Gartenpflege mit Augenmaß

an schlecht zugänglichen Gartenplätzen eingesetzt werden. Bis sie einen geschlossenen Bewuchs bilden, erspart eine Rindenmulchschicht das Hacken.

Bodenpflege

Früher war es üblich, die Beete jeweils nach dem Abernten der Gemüse oder Sommerblumen mit dem Spaten umzugraben. Diese schwere und tiefgreifende Bodenbearbeitung ist nach wie vor nötig, etwa wenn Bodenhilfsstoffe einzugraben sind oder wenn aus Rasenflächen Beete entstehen sollen.

Oft lässt sich das Umgraben aber durch oberflächliches Lockern ersetzen. So genügt es beispielsweise, vor der Bepflanzung bereits lockerer Gartenböden die Beete mit dem Grubber, der Grabegabel oder dem Sauzahn vorzubereiten. Ein neues Gerät namens Gartenkralle ist besonders leicht zu handhaben. Die gebogenen Zinken machen die Lockerung aus dem Stand ohne Bücken möglich, das schont den Rücken.

Mut zur Wildnis

Selbstverständlich brauchen Rasenflächen keine Schonung. Der grüne Grasteppich verwildert sogar, wenn er nicht einen gelegentlichen Rückschnitt erhält. Allerdings lässt sich auch die Rasenpflege zumindest stellenweise erleichtern, indem nur die zentral liegenden Flächen den regelmäßigen Schnitt bekommen. In Randbereichen oder auf Rasenstücken im Obstgarten und in ab-

In den Gemüsebeeten ist das Hacken unerlässlich. Die schonende Bodenlockerung fördert die Durchlüftung.

Lupinen und Margeriten vermehren sich, wenn sie abblühen und Samen bilden können. Die reifen Samen können natürlich auch gezielt geerntet und ausgesät werden.

Gartenpflege mit Augenmaß | 239

Amseln bauen ihre Nester manchmal sogar in Blumenkästen. Sie dürfen dann nicht beim Brüten gestört werden.

gelegenen Gartenecken dürfen auch Kräuter und Wildblumen wachsen.

Brütende Vögel schützen

Zum Garten gehören natürlich auch Tiere, die sich selbst angesiedelt haben. Auch sie brauchen Schonung. Vor allem auf nützliche Arten, wie Singvögel, Wildbienen, Eidechsen und dergleichen sollte bei der Gartenpflege Rücksicht genommen werden. Der Heckenschnitt beispielsweise kann durchaus verschoben werden, wenn noch Vögel in der Hecke brüten.

Weniger auffällig sind Insekten. Aber auch viele dieser kleinen Gartenbewohner tragen zum Gedeihen bei und sollten geschont werden. So gilt es, Nisthilfen für Hummeln, Wildbienen oder andere Insekten zu erhalten oder wenigstens vor übertriebener Gartenpflege zu bewahren.

Günstige Zeiten abwarten

Die Gartenpflege ist ganz wesentlich vom Wetter und von der Jahreszeit abhängig. Die Arbeiten sollten dementsprechend angepasst sein. So gehen beispielsweise Erdarbeiten leichter von der Hand, wenn der Boden abgetrocknet ist.

Bei Nässe macht das Graben, Hacken oder Lockern unnötige Mühe. Außerdem schmiert nasser Boden, was nach dem Trocknen Verkrustungen zur Folge hat. Die Bodenart gibt vor, welche Zeit die günstigste ist: Schwerer Lehmboden lässt sich am besten bearbeiten, wenn er nach einem Regen zwar abgetrocknet, aber noch nicht ausgetrocknet ist – trockener Lehmboden ist steinhart.

Tipp

Schonung brauchen vor allem die Beete und Quartiere, in denen seltene Pflanzen gedeihen. Manchmal gehen hier wertvolle Sämlinge auf, die im Jugendstadium nicht eindeutig erkennbar sind. Keinesfalls darf in diesen Beeten willkürlich gejätet oder gehackt werden. Sonst fallen neben den störenden Gräsern und Kräutern auch brauchbare Nachkommen der Hacke zum Opfer.

Gartengeräte – die Grundausstattung

Gute Geräte erleichtern die Arbeit und das Leben. Die Anschaffung eines Sortiments an Qualitätswerkzeugen lohnt sich, denn damit macht die Arbeit mehr Freude als mit billigen, aber minderwertigen Gerätschaften.

Gartengeräte – die Grundausstattung

„Faulheit macht das Leben süß, Arbeit stärkt die Glieder!" – der Schrebergarten ist ein idealer Ort für ein geruhsames Leben und in gleichem Maße auch ein Trimmplatz direkt am Haus. Zum Faulenzen genügt ein Liegestuhl, zum Trimmen sind gute Geräte nötig. Immerhin dienen sie sowohl der Fitness als auch der Pflege des Gartens. Kaum jemand wird mit einem klapprigen Fahrrad gern seine Runden drehen. Genauso wenig Freude macht die Beschäftigung mit schwergängigem Werkzeug.

Allerdings sind keine teuren Geräte nötig. Die Anschaffung einer Fräse, eines Häckslers oder eines Vertikutierers kann erst einmal hinten angestellt werden, oft können Sie diese Geräte auch mieten. In den meisten Gartenkolonien steht im Vereinsheim ein Sortiment verschiedener Geräte zur Verfügung. Zunächst genügen normalerweise einige wenige Werkzeuge und Hilfsmittel für die alltäglichen Arbeiten im Garten, diese müssen aber gut funktionieren und ständig einsatzbereit sein.

Transporter

Ein Transporter gehört auf jeden Fall zur Grundausstattung. Er ist ohnehin nicht nur für Gartenarbeiten, sondern auch für die Beschaffung und Entsorgung von Materialien nötig, beispielsweise zum Befördern von Getränkekisten oder zum Wegfahren von Schnittgut und anderer Güter. Das kann je nach Nutzung und Gelände eine Schubkarre sein oder eine Gärtnerkarre mit zwei Rädern. In unwegsamem Gelände lässt sich eine gewöhnliche Schubkarre einfacher bewegen als ein zweirädriger Karren. Der ist besser für ausreichend breite, befestigte Wege geeignet.

Schaufeln und Gabeln

Viele Güter sind lose und müssen mit geeigneten Handwerkzeugen

Im Handel sind Geräte mit Holzstielen und mit speziellen Wechselstielen erhältlich. Der Laubrechen sollte verstellbar sein.

Gartengeräte – die Grundausstattung | 243

Der Spaten kann bei Bedarf immer wieder nachgeschliffen werden, zum Beispiel mit einer Schleifmaschine oder einem Schleifkopf.

aufgeladen werden; Sand, Kies und Erde etwa mit einer Schaufel, Gras, Zweige und Laub besser mit einer Gabel. Der Schaufeltyp ist wiederum nach dem Material zu wählen. Sand, Kies und Erde lassen sich am besten mit einer Spitzschaufel schaufeln. Für Grabearbeiten, zum Beispiel für Fundamente oder Teiche, ist eine geschmiedete Spitzschaufel ebenso unverzichtbar. Das Aufsammeln von Kehricht geht leichter mit einer geraden Schaufel von der Hand.

Gute Markengeräte werden einmal angeschafft und halten normalerweise ein Leben lang.

Jede Schaufel braucht einen Stiel. Der besteht am besten aus Eschenholz, das besonders fest und elastisch ist. Gabeln sind mit drei, vier oder mehr Zinken zu haben. Filziges Gras, Heu oder Stroh schafft jede Gabel. Laub, Rinde und anderes loses Material fällt bei weiten Zinken durch. Es lässt sich nur mit einer Gabel mit engstehenden Zinken fassen.

Bodenbearbeitungsgeräte

Eine **Grabegabel** ist weniger zum Aufladen als vielmehr zum Umgraben geschaffen. Sie gehört in jede Grundausstattung, zumal sie auch beim Bodenlockern, beim Staudenteilen und bei anderen Gartenarbeiten rund ums Jahr eine wertvolle Hilfe ist. Geschmiedete Qualitätsgeräte haben ihren Preis. Sie halten aber länger als Billigwerkzeuge, die sich schon bei der geringsten Belastung verbiegen oder sogar abbrechen.

Das gilt besonders auch für **Spaten**. Bei diesen unverzichtbaren Gartenwerkzeugen macht sich Qualitätsware bezahlt. Ideal ist ein Spaten mit einem geschmiedeten Blatt und T-Griff-Eschenholzstiel. Der liegt gut in der Hand und schafft selbst dicke Wurzeln. Selbstverständlich muss er immer wieder nachgeschliffen werden. Zu empfehlen sind Schuhsohlenschoner, die nicht nur die Schuhe schützen, sondern auch die Füße. Für gute Geräte gibt es Metallhülsen, die einfach aufgesetzt werden. Von billigen Blechspaten ist abzuraten, sie verbiegen sich bei den einfachsten Grabe- oder Pflanzarbeiten. Prüfsiegel, wie etwa das GS-Zeichen, geben übrigens keine Qualitätsgewähr: Sie kennzeichnen die Geräte nur als ungefährlich. Neben dem Spaten und der Grabegabel gehört noch eine Reihe weiterer Bodenbearbeitungsgeräte zur Grundausstattung.

Ein *Rechen* wird zum Ebnen des Bodens benötigt, ebenso beim Abrechen des Rasenschnitts und bei anderen Reinigungsarbeiten.

Deshalb werden normalerweise mehrere Typen gebraucht, und zwar ein schmaler Metallrechen zum groben Planieren, ein Holzrechen zum Abziehen etwa der Beete oder der Rasenfläche bei der Anlage, ein spezieller Metallrechen (Laubbesen) mit verstellbaren Federstahlzinken zum Laubrechen und eventuell nicht zuletzt noch ein breiter Metallrechen (Schlepprechen) mit engstehenden dünnen Zinken und geradem rundem Rücken als besonderer Rasenrechen. Selbstverständlich können diese Rechen nach und nach angeschafft werden. Zunächst genügen meistens ein Holz- und ein einfacher Eisenrechen (Metallrechen). Wenn das Wechseln nicht stört, reicht für mehrere Rechen ein einziger Stiel. Oft sind die Wechselstiele auch mit anderen Geräten kombinierbar. Da Stiele und Geräte verschiedener Hersteller jedoch nicht zusammenpassen, erfordert dieses System die Festlegung auf ein Fabrikat.

Während Rechen nur oberflächlich in den Boden eindringen, sind zur

Eine gute Gartenschere gehört zur Grundausstattung. Eine Hippe, ein Kopuliermesser und ein Okuliermesser erleichtern die Gehölzpflege oder sind beim Veredeln hilfreich.

tiefgründigen Bodenpflege, insbesondere zur Lockerung, Geräte mit speziellen Zinken nötig.

Der *Grubber* oder *Kultivator* wird unter anderem zur Bodenbearbeitung im Gemüsegarten benötigt. Dazu eignen sich auch *Hacken*, die es in verschiedenen Ausführungen gibt. Für die Grundausstattung genügt zunächst eine gute Doppelhacke, die praktisch zwei Bearbeitungsmethoden ermöglicht: einerseits das oberflächliche Hacken und andererseits die tiefere Bodenlockerung. Doppelt nutzbar sind ebenfalls Kreuzhacken. Sie haben sich bei der Rodung und Bodenvorbereitung bewährt und zudem als Hilfsmittel bei der Pflanzung von Stauden und anderen niedrigen Gewächsen, weil sie ein ergonomisches Arbeiten ermöglichen.

Eine Gartenschere mit Rollgriff spart Kraft, ist aber ungewohnt.

Die kleine *Pflanzschaufel* darf dennoch nicht fehlen. Sie dient zum Pflanzen von Stauden, Gräsern und Zwiebeln, aber auch als Pflanzkelle für Balkon- und Kübelgewächse. Dieses Gerätesortiment für die Bodenbearbeitung lässt sich jederzeit je nach Garten und Kultur entsprechend erweitern.

Schneidwerkzeuge

Die Wichtigkeit eines Taschenmessers im Garten darf nicht unterschätzt werden. Ein gutes *Gärtnermesser* wird zum Schneiden von Stecklingen, zur Gehölzpflege, zum Veredeln und für viele andere Schneidarbeiten gebraucht. Ein solches Messer hat eine klappbare Edelstahlklinge, dazu gehört ein feiner

Eine Backenschere schneidet beim Bäume schneiden besser ab als eine Ambossschere.

Schleifstein. Je nach Bedarf sind weitere spezielle Messer erhältlich, so etwa ein Okuliermesser oder eine Schwunghippe.

Mindestens ebenso unverzichtbar ist eine gute **Gartenschere**. Sie wird zum Bäumeschneiden, zur Rosenpflege und für viele andere Pflegearbeiten benötigt. Eine gute Schere hat ein auswechselbares Edelstahlblatt. Sie muss richtig in der Hand liegen und glatt abschneiden. Je nach Garten und Pflanzenbestand können weitere Schneidwerkzeuge nützlich sein: so etwa eine Heckenschere und eine Astschere mit verlängerten Holmen.

Eine **Baumsäge** wird zum Auslichten der Obstgehölze und für andere gröbere Schneidarbeiten gebraucht. Von Vorteil ist ein Produkt mit auswechselbarem und verstellbarem Sägeblatt.

Grasmäher

Der Rasenmäher ist das teuerste Gerät der Grundausstattung. Er muss zum Garten und zum Bedienungspersonal passen. Beim Kauf sind also die Grundstücksgröße (und dementsprechend die Leistung der Geräte), die Lage (Hang oder Ebene), der Baumbestand (insbesondere bei Elektromäher mit Kabel) und andere Gegebenheiten zu beachten und selbstverständlich auch der Preis. Das Angebot reicht vom günstigen Handschiebemäher bis zum kostspieligen Rasentraktor.

Der Vertikutierer rupft das Moos und kriechende Kräuter aus dem Rasen.

Gartengeräte – die Grundausstattung | 247

Hilfsmittel für die Wasserversorgung

Fast unüberschaubar ist das Angebot an Bewässerungssystemen. Fürs erste genügen aber eine Gießkanne und ein guter Gartenschlauch mit Düse. Später kann die Wasserversorgung immer noch vereinfacht werden.

Geräte leihen

Wenn Sie sich für eine Parzelle entschieden haben und diese auch zugeteilt wurde, können Sie von der Gemeinschaft profitieren. So werden größere und teurere Geräte oder Maschinen oft für alle Pächter gemeinsam angeschafft und bei Bedarf ausgeliehen.

Die eigenen Handwerkzeuge sollten in einer abschließbaren Kammer im Gartenhaus untergebracht sein. Motorfräse, Häcksler, Rasenvertikutierer, Heckenschere und dergleichen werden sehr oft für die Gemeinschaft insgesamt gekauft und zentral aufbewahrt, das erspart dem Einzelpächter unnötige Kosten, zumal diese Geräte nur gelegentlich zum Einsatz kommen.

So ist es normalerweise nur einmal im Jahr, im Frühling, nötig, den Rasen zu vertikutieren. Der Häcksler wird nur gebraucht, wenn viel Schnittmaterial anfällt. Bis sich der Einsatz lohnt, lässt sich das Material auch sammeln. Ebenso wäre es unwirtschaftlich, wenn sich jeder Pächter eine Heckenschere anschaffen würde: Ein Schnitt im Jahr genügt.

So funktioniert es

Selbstverständlich erfordert ein gemeinschaftlicher Gerätepark auch eine zuverlässige Betreuung und eine sorgfältige Wartung.

Die Geräte müssen stets betriebsbereit sein und wenn nötig repariert werden. Ein derartiger „Maschinenring" läuft nur richtig, wenn alle Beteiligten sich an die Regeln halten.

Am besten ist es, wenn ein fachkundiger Gerätewart, den Verleih und die Verwaltung übernimmt.

Dazu gehört auch, dass den Benutzern die Bedienung gezeigt wird, und dass diese nach der Einweisung die Geräte richtig bedienen und nach Gebrauch unbeschädigt zurückgeben.

Wenn der Gerätepark gut angenommen wird und ohne größere Schwierigkeiten funktioniert, können ständig weitere notwendige Werkzeuge und Hilfsmittel angeschafft werden.

Andererseits ist es aber auch möglich, Geräte des täglichen Gebrauchs in großer Stückzahl billiger zu bekommen. Anhand einer Bestellliste lassen sich Angebote einholen.

Durch Sammelbestellung lohnt sich oft auch die Anschaffung guter Geräte, die ja ihren Preis haben. Beim Kauf großer Mengen gewähren die Händler einen Rabatt.

Nach dem Bäume schneiden sind viele Zweige zu entsorgen. Der Häcksler macht daraus Kleinholz.

Gartengeräte – die Grundausstattung

\multicolumn{3}{c}{*Geräte für die Grundausstattung*}		
Gerät	Funktion	Hinweis
Rasenmäher	Mähen von Rasen und Wiese	je nach Fläche und Lage wählen
Transporter	Beförderung von Erde, Laub etc.	ein- oder zweirädriger Karren
Spaten	Pflanzen und Graben	stabiles Gerät, mit geschmiedetem Stahlblatt
Grabgabel	Graben und Stauden teilen etc.	mit geschmiedeten Zinken
Metallrechen	Ebnen und Krümeln	schmaler Rechen
Schlepprechen	Rasenpflege	breit, mit engstehenden, gebogenen Zinken
Holzrechen	Planieren	gerade, breit, mit langen Zinken
Laubrechen	Kehren von Rasen und Beeten	mit fächerförmigen, verstellbaren Zinken
Schaufeln	für Erdarbeiten	Spitzschaufel und Schaufel mit geradem Blatt
Gabel	Transport von Gras, Laub etc.	mit geschmiedeten Zinken
Grubber	Bodenlockerung	mit drei gebogenen Zinken
Kreuzhacke	für Erd- und Pflanzarbeiten	mit zwei gegenübersitzenden Schneiden
Stahlhacke	Jäten und Lockern	mit dünnem Stahlblech (einfache Hacke)
Pflanzkelle	Blumen pflanzen	geschmiedet
Astschere	alle möglichen Schneidarbeiten	mit auswechselbarer Klinge
Baumsäge	Gehölzpflege	mit verstellbarem Blatt
Heckenschere	Trimmen von Formschnittgehölzen	elektrisches Gerät oder Handschere
Gärtnermesser	Stecklinge schneiden, veredeln	Klappmesser mit Holzgriff und Edelstahlklinge
Gießkannen	Wasserversorgung	aus Kunststoff oder verzinktem Blech
Schlauch	Wasserversorgung	Gewebeschlauch mit Düsen und Gießstab

Sonnenenergie im Garten

Am Haus gehören Solarmodule und Warmwasserspeicher schon oft zum Ortsbild. Die Kraft der Sonne lässt sich ebenso im Garten einsetzen. Möglichkeiten bieten beispielsweise Solarpumpen im Gartenteich, Rasenmäher mit Solarzellen oder Ventilatoren für das Gewächshaus.

Sonnenenergie im Garten

Diese Photovoltaik-Anlage wurde im Zuge der Landesgartenschau in Würzburg auf dem Ökohaus installiert. Sie ist immer noch in Betrieb.

Die Kraft der Sonne, besonders ihre Wirkung auf Blätter und Blüten, ist überall im Garten erkennbar und direkt auf der Haut zu spüren. Es lohnt sich, diese unerschöpfliche Energiequelle gezielt zu nutzen. Im Haus geschieht dies schon oft mithilfe von Kollektoren zur Warmwasserbereitung oder von Solarmodulen, die das Licht in elektrische Energie umwandeln. Obwohl die Investition ziemlich kostspielig ist, haben sich die Anlagen mittlerweile bewährt und oft auch schon bezahlt gemacht, zumal die Energiequelle selbst nichts kostet und für jeden verfügbar ist. Die Anlagen sind im Übrigen recht langlebig und nahezu wartungsfrei, sodass normalerweise kaum Zusatzkosten entstehen.

Natürlich lässt sich die Sonnenenergie auch im Garten nutzen und oft sogar ohne besondere Kosten. Manchmal geschieht die Umwandlung der Sonnenenergie von selbst, wenn etwa ein Gartenschlauch, der auf dem Rasen liegen geblieben ist, unbeabsichtigt zum Sonnenkollektor wird und warmes Wasser produziert. Genauso funktioniert im Prinzip die gezielte Warmwasserbereitung in Solaranlagen. Allerdings geschieht dies hier effektiver und mit einer Spezialflüssigkeit, die in einem Absorber zirkuliert.

Nutzung durch Photosynthese

Die Photosynthese kommt schon lange gezielt zur Erzeugung von

Für einen kräftigen Wasserschwall sind leistungsfähige Solarmodule nötig.

Bei diesem Wasserspiel lässt sich das Solarmodul der Sonne nachführen. Es ist drehbar gelagert.

Energie- oder Wärmequellen zum Einsatz. So gehört Brennholz seit Urzeiten zu den wichtigsten Heizmaterialien, heute dienen auch Rapsfelder zur Gewinnung von Treibstoff. Auf kleiner Fläche im Garten ist deren Nutzung natürlich nur sehr begrenzt möglich. Außerdem laufen die Gartengeräte nicht mit Biodiesel, sondern vorwiegend mit Benzin. Im Garten hat sich Pflanzenöl beispielsweise als Schmiermittel für die Kettensäge bewährt und Holz aus dem Garten, das beispielsweise bei Auslichtungsarbeiten anfällt, dient als Brennstoff für Feuerstellen.

Einfache Techniken

Außer durch die Photosynthese kann die Sonnenenergie auch auf andere Weise direkt im Garten genutzt werden und zwar nicht biologisch mithilfe der Pflanzen, sondern durch einfache Techniken. Das Gartenschlauch-Beispiel lässt sich vielfach umsetzen. Wenn statt eines gewöhnlichen Wasserschlauchs ein schwarzer Kunststoffschlauch in engen Windungen etwa auf einer Holzplatte befestigt und in einer ausreichenden Höhe zur Sonne hin ausgerichtet wird, dient er zur Warmwasserbereitung für eine Gartendusche. Natürlich wird das durchlaufende Wasser nur bei klarem Himmel erwärmt. Die Anlage soll aber auch besonders an heißen Tagen funktionieren.

Anders ist dies bei einer Heizung für das Gewächshaus, das selbst schon ein Wärmespeicher ist. Wird es geschickt eingerichtet, kann ein zusätzlicher Effekt erreicht werden.

So kann das „Prinzip Gartendusche" auch zur Erwärmung von Wassertanks genutzt werden. Diese kommen beispielsweise unter einen südseitig stehenden Glashaustisch, wo sie tagsüber Wärme speichern. Das kann bei dunklen Tanks direkt durch die Glashauswand geschehen oder mittels Schlauchleitung auf dem Dach und Wärmetauschern in den Tanks (zum Beispiel nach dem Tauchsiederprinzip). Bei Nacht geben sie dann die gespeicherte Wärme ins Glashaus ab und schützen so vor Nachtfrost.

Selbstverständlich muss eine solche Anlage für das jeweilige Glashaus geplant und gebaut werden. Vielleicht genügt aber schon ein dunkler Ziegelboden, der eine ähnliche Wirkung hat und die tagsüber gespeicherte Wärme in der Nacht abstrahlt.

Sonnenenergie im Garten

Genehmigung einholen

Neben der Warmwassergewinnung und -nutzung lohnt sich vor allem die Erzeugung von elektrischem Strom durch die Sonne. Sie wird in manchen Orten auch in Kleingartenanlagen gefördert und finanziell unterstützt. Erkundigen Sie sich vor der Installation beim Vorstand Ihres Vereins – jedenfalls vor einer geplanten größeren Anlage. Die Anwendung in kleinem Rahmen, etwa in Form eines Sprudelsteins mit Sonnenkraft oder eines Springbrunnens mit Solarmodulen, ist genehmigungsfrei.

Sonnenlicht praktisch nutzen

Das „Herz" einer Stromerzeugungsanlage durch Sonnenenergie besteht aus Siliziumzellen. Je nach Leistung werden mehr oder weniger Module gebraucht. Für eine kleine Wasserpumpe zum Betrieb der Gartendusche genügt beispielsweise ein Modul, das nur 10 Watt Leistung liefert. Eine große Solarteichpumpe läuft dagegen nur, wenn sie von einem 40 Watt Modul versorgt wird. Die Geräte und die Solarmodule müssen aufeinander abgestimmt sein und zusammenpassen.

Zu beachten ist auch, dass die Module nur bei direkter Sonnenbestrahlung ihre volle Leistung bringen. Schatten oder Wolken vermindern die Wirkung wesentlich. Sie müssen deshalb optimal platziert und ausgerichtet sein. Wie der Sonnenstrom direkt vom Sonnenlicht abhängig ist, lässt sich deutlich an einem Wasserspiel zeigen, das mit einem Modul und einer Pumpe betrieben wird. Je stärker die Sonne das Modul beleuchtet, umso kräftiger ist der Wasserschwall.

Die direkte Abhängigkeit macht sich bei allen Geräten bemerkbar, die unmittelbar von den Solarmodulen betrieben werden. Das kann zum Beispiel ein Ventilator sein, der mithilfe der Sonnenenergie frische Luft ins Gewächshaus befördert oder ein kleiner elektrischer Motor, der etwa eine Spielfigur bewegt. Ist die Sonne weg, bewegt sich nichts mehr – es sein denn, die Sonnenenergie wird gespeichert. Das gelingt mithilfe spezieller Solarbatterien oder Akkus. Sie machen den Betrieb der verschiedensten Elektrogeräte möglich und versorgen beispielsweise einen Kühlschrank im Gartenhaus, eine Lampe, ein Radiogerät in der Laube oder andere kleine Stromverbraucher.

Sonnenfallen

Indirekte Nutzungsmöglichkeiten bieten Gewächshäuser, Frühbeete und Folienzelte. Sie wirken als Sonnenfallen und speichern die Wärme. Beim Anbau besonders wärmeliebender Gemüse kann man sich die schwarzen Mulchfolien zunutze machen. Auch sie speichern die Wärme beziehungsweise fördern die Erwärmung des Bodens, auf dem sie ausgebreitet sind. Das kommt den Pflanzen zugute und verbessert das Wachstum von Melonen, Gurken, Auberginen und anderen Arten.

Die Wirkung der Sonne wird deutlich, wenn das „Kraftwerk" schattiert wird. Sofort lässt der Wasserschwall nach.

A

Ableger 169
Allium
 – *cepa* 189
 – *porrum* 189
 – *sativum* 189 f.
 – *ursinum* 185 f.
Alpenwaldrebe 119
Anlehngewächshaus 39, 84 f.
Anwachshilfe 160
Anzucht 105, 176 ff., 215 f.
Apfel 101, 121, 152 f. 160
Apfelbuschbäume 156 f.
April
 – Gartenarbeiten 117
 – Pflanzen 117
Artischocke 188 f.
Aster 208
Astring 171 f.
Aubergine 179
August
 – Gartenarbeiten 134
 – Pflanzen 135
Auslichtungsschnitt 101
Aussaat 105, 176 ff.
Ausschlenzen 170

B

Bärlauch 185 f.
Bauerngarten 228
Baumsäge 246
Beeren, giftige 65
Beeteinfassung 76 ff.
Befruchtung 119 f.
Bergwaldrebe 119
Bestäubung 119 f.
Bestäubungsverhältnis 14
Beta vulgaris 186 f., 194
Bewässerung 122
Bewertung einer Anlage 35
Bienen 227, 229
Birne 123 f., 152 ff., 160
Birnengitter 173
Blankglas 87
Blattgemüse 185 f.
Blattläuse 172, 227, 231
Blauraute 207
Blumenkohl 197
Blumenzwiebeln pflanzen 137
Blütenhecke 58
Blütenstauden 21 f., 208
 – nützliche 20
Bodenanalyse 142, 175 f.
Bodenbearbeitungsgeräte 243
Bodenpflege 237
Bodenverbesserung 145
Bodenvorbereitung 218 f.
Bohne 181
Bohnenzelt 61
Brassica oleracea 196 ff.
Brennnesseljauche 129
Brokkoli 197
Brombeeren 134 f., 169
Brunnen 90 f.
Brunnenkresse 185
brütende Vögel 239
Bund deutscher Baumschulen 157
 – Siegel (BdB) 157
Buschbäume 157

C

Capsicum annuum 179
Chinakohl 199
Chirorée 186
Cichorium
 – *endivia* 183
 – *inybus* 186
 – *pumilum* 183
Clematis 119
Container 159
Containerpflanzen 120
Cucumis sativus 179 f.
Cucurbita pepo 180
Cynara scolymus 188 f.

D

Dahlien teilen 115
Daphne mezereum 207
Daucus carota 192
Dauerkasten 86
Dezember
 – Gartenarbeiten 148
 – Pflanzen 149
Direktsaat 110

E

Edelrose 106
Eibe 65
Einfassungen 46
Einschlämmen 160
Endiviensalat 183
Erbse 181
Erdbeere 133 f., 169, 176
Erntezeit 98
Eruca sativa 183 f.
Erziehungsform 19
Erziehungsschnitt 101
Euonymus europaeus 65

F

Februar
 – Gartenarbeiten 105
 – Pflanzen 106
Federmohn 209
Feldsalat 184
Fenchel 187 f.
Florfliegen 229
Foeniculum vulgare 187 f.
Folienhaus 84 f.
Folientunnel 78 ff., 88 f.
Formschnitthecke 58
Forsythie 205, 207
Freilandsaison 98
Frostgare 143
Frostschaden 104 f.
Frostschutzvlies 105
Fruchtfolge 20, 117, 176
Fruchtgemüse 178 ff.
Fruchtwechsel 113, 176
Frühbeet 78 ff., 86 f., 113, 145 ff.
Fugger, Jakob 9

G

Gabel 241 f.
Gartengemeinschaft 29 f.
Gartengeräte 240 ff.
 – für Kinder 64 f.
Gartenhaus 34 ff.
 – Instandhaltung 35 f.
 – Neubau 37 f.
Gartenjahr 94 ff.
Gartenkralle 237
Gartenschere 246
Gartenschlauch 247
Gartenteich 117
Gartenvliese 104
Gärtnerkarre 241
Gärtnermesser 245
Gehölze 204 ff.
Gehölzschnitt 117, 169
 – naturnah 171
Geißblatt 65
Gelbtafel 123
Gemüse 20, 110
Gemüse-Planung 101 f.
Gemüseanbau 18 ff., 174 ff.
Gemüsebeete 174 ff.
Gemüsekohl 196 ff.
Gemüsezwiebel 189
Geranie 214
Gerätelager 36
Gerätepark 247 f.
Gespinstmotten 227
Gestaltung 17
Gesundungspflanzen 20
Gewächshaus 78 ff., 80
Gewürzfenchel 187
Gießkanne 247
Gitterfolie 87
Glashaus 79 ff.
Goldrute 208
Grabegabel 243
Gräser 216 ff.
 – teilen 111 f.
Grasmäher 246
Grubber 245
Grundstückseinfriedung 48 ff.
Gründung einer Siedlung 29, 31
Gründünger 137, 236
Grüne Inseln 15
Grünkohl 196 f.
Grünschnitt, Obst 123
Gurke 179 f.
Gütesiegel 157

H

Hacke 245
Häcksler 247
Halbstamm 157
Hamamelis 205
Hasel 169, 205, 207
Hauptverband der Bahn-Landwirtschaft e. V. 28

Hauschild, Ernst Innozenz 9
Hecke 48 ff., 58 f.
Heckenschere 246 f.
Helianthus tuberosus 193 f.
Herbizide 133
Hochbeet 72 ff., 131
 – Holzkasten 74 f.
Hochstämme 157
Holzgebäude 38 f.
Holzhäcksel 104
Holzlamellenwand 55
Holzzaun 49, 53
Hügelbeet 73 f.
Hummel 229

I
Insekten 227, 229

J
Jahresarbeitsplan 30
Januar
 – Gartenarbeiten 102
 – Pflanzen 102
Johannisbeere 168
Juglans regia 101
Juli
 – Gartenarbeiten 130
 – Pflanzen 131
Juni
 – Gartenarbeiten 124
 – Pflanzen 125

K
Kahlstellen 221 f.
Kaliseifenlauge 172
Kamille 202 f.
Kantenstechen 76
Karotte 192
Kartoffel 193
Kataloge 102
Katzenminze 203
Kinder 60 ff.
Kinderbeet 65
Kirsche 160
Kirschfruchtfliege 173
Kirschlorbeer 65
Kiwi 158, 172
Klarglas 87
Kleingartenverband 31
Klinkerwand 51

Knoblauch 133 f., 176, 189 f.
Knollenfenchel 187
Kohlarten 102
Kohlgemüse 196 ff.
Kohlrabi 196
Kompost 105, 145
Kopfsalat 176
Kosten 30
Krankheiten 227
Kräuter 20, 202 f.
 – -jauchen 129
 – -schnecke 66 ff.
 – -spirale 66 ff.
 – -strecke 67
Krautfäule 178
Kreuzhacke 245
Krokus 209
Kultivator 245
Kunststoff-Faservlies 87, 104
Kürbis 180

L
Lactuca 181 ff.
Lager 148
Laubbesen 244
Lavendel 67, 203
Leimfalle 123
Libellen 231
Liguster 56 f., 65
Ligustrum vulgare 56 f., 65
Lonicera-Arten 65
Luftpolsterfolie 87

M
Mai
 – Gartenarbeiten 120
 – Pflanzen 120
Mais 115 f.
Malus domestica 101, 121
Malve 203
Mangold 186 f.
Marienkäfer 227, 229, 231
März
 – Gartenarbeiten 113
 – Pflanzen 113
Maschendrahtzaun 55
Maschinenring 248
Mauer 48 ff., 50 f.
Mauerfundament 50

Mehltau 227
Mischkulturen 20, 102, 113, 117, 176, 227
Mistbeet 113
Mitgliederversammlung 29
Monokulturen 227
Motorfräse 247
Mulchen 235
Mulchfolie 235
Mustersiedlung 12

N
Nasturtium officinale 185
Natursteinmauer 51
Neuanlagen 17
Niederstamm 157
Nisthilfen 15, 172, 229
Nisthöhlen 229
November
 – Gartenarbeiten 146
 – Pflanzen 147
Nussbaum 158, 171
Nützlinge 227
Nutzpflanzen 18 ff.

O
Obst
 – okulieren 166
 – ziehen 162
 – -anbau 18 ff.
 – -spaliere 158
Oktober
 – Gartenarbeiten 143
 – Pflanzen 143
Okulation 142, 166
Okuliermesser 166, 246
Olpomea tricolor 55
Organisationen 28, 31

P
Pächter 16
Pachtgesuch 29
Pachtvertrag 16
Pachtzins 30
Pak Choi 199
Paprika 179
Paravent 53 f.
Parzelle 29
Pelargonie 214
Pergola 45

Petunie 214 f.
Pfaffenhütchen 65
Pfählen 172
Pfefferminze 67, 203
Pfingstrose 209
Pfirsich 172
Pflanzenjauche 129
Pflanzenschutz 172, 227
Pflanzenschutzmittel entsorgen 148
Pflanzplan 178
Pflanzschaufel 245
Pflanzschnitt 172
Pflanzung 212
Pflanzzeit 98
Pflasterarbeiten 44
Pflaumenwickler 173
Pflegeschnitt 98
Pfropfen 163 ff.
Phaseolus-Arten 181
Photosynthese 251
Photovoltaikanlage 251
Pisum sativum 181
Porree 189
Prunkwinde 55
Prunus laurocerasus 65

R
Radicchio 186
Radieschen 191 f.
Rainfarnjauche 129
Raphanus sativus 191
Rasen 113, 117, 216 ff.
 – -aussaat 219 f.
 – -gittersteine 46
 – -kanten 222
 – -mäher 246
 – -pflege 221
 – -schnitt 120
 – -weg 47
Rechen 244
Rettich 191
Rindenbelag 46
Rindenmulch 235
Rindenrisse 113
Rindenweg 46
Ringelblume 203
Rollkies 46
Rollrasen 223
Rosen 21 f.
 – pflanzen 142
Rosenkohl 198
Rosmarin 202

Rote Bete 194
Rotkohl 198 f.
Rüben 191 ff.
Rucola 183 f.
Rudbeckie 208

S
Saatzeit 113
Saftruhe 105, 113, 169, 172
Salate 181 ff.
Salatzichorie 186
Salbei 202 f.
Sandkasten 62 ff.
Satzung 31
Schachtelhalmauszüge 172
Schachtelhalmjauche 129
Schädlinge 227
Schattiermatte 87
Schaufel 241 f.
Schaukel 61
Schlepprechen 244
Schlitzfolie 87
Schlupfwespen 229
Schnecken 207, 227
Schneeball 207
Schneeglöckchen 209
Schneidwerkzeuge 245 f.
Schöpfbecken 90 f.
Schotter 46
Schreber, Daniel Gottlob Moritz 9
Schubkarre 241
Schutznetz 110 f.
Schwarzwurzel 195
Schwunghippe 246
Scorzoneria hispanica 195
Seidelbast 207
Seniorengarten 12
September
 – Gartenarbeiten 137
 – Pflanzen 139

Sichtschutz 41, 115 f.
 – -wand 53 f.
Silberzwiebel 189
Singvögel 227, 239
Sitzplatz anlegen 41 f.
Solanum
 – *lycopersicum* 178 f.
 – *melongena* 179
 – *tuberosus* 193
Solarmodule 253
Sommerblumen 204 ff., 214 ff.
Sommerflieder 207
Sommerveredelung 166
Sonnenenergie 250 ff.
Sonnenfalle 253
Sonnenlicht 253
Spaten 243 f.
Speisezwiebel 189
Spielgeräte 61 f.
Spielmöglichkeiten 60 ff.
Spielplatz 60
Spinacia oleracea 187
Spinat 187
Spitzschaufel 243
Stachelbeere 168, 172
Stammmanschetten 141
Standortwechsel 109
Starenkasten 116 f.
Stauden 204 ff.
 – teilen 111 f.
Steckholz 168
 – -vermehrung 168
Stecklinge 168
Steingebäude 38
Steinobst 152 f.
Strohmatte 87
Stromerzeugungsanlage 253

T
Tagetes 214
Taxus-Arten 65
Teiche 90 f.

Terrassen 40 ff.
Thymian 67
Tierhaltung 24
Tomate 102, 123 f., 176, 178 f.
Topinambur 193 f.
Transporter 241
Trittsteig 46
Trockenmauer 48, 51 f.
Tulpe 209

U
Unterbau 44

V
Valerianella locusta 184
Veredelung 105, 162
 – Obst 113, 129
 – Rosen 129, 142
Verein, gemeinnütziger 31
Vermehrung 212
Vertikutieren 113, 117, 221
Vertikutierer 247
Viburnum fragrans 207
Vogelnistkästen 232
Vogelscheuche 110 ff.
Vorkultur 110

W
Waldrebe 119
Walnuss 101
Wanderkasten 86
Warmwasserbereitung 251
Wasser 122
Wasserspiel 253
Wasserstelle 90 f.
Wegbelag 46, 104
Wege 40 ff., 46
Wegeinfassung 46
Weidenflechtzaun 54

Weigelie 207
Weinreben 158, 168, 171 f.
Weißanstrich 172
Weißkohl 198 f.
Welleternitplatten, asbesthaltige 37
Wermut 67
Wiese 216 ff.
Wildbienen 239
Wildstrauchhecke 58
Wildtiere ansiedeln 24
Wildverbiss 141, 172
Winterschneeball 207
Winterschnitt 101
Winterzaubernuss 205
Wirsing 199
Wühlmäuse 95 ff.
Wundbehandlung 171 f.
Wurzelgemüse 191 ff.
Wurzelnackte Pflanzen 160

Y
Ysop 67

Z
Zaubernuss 205, 207
Zaun 48 ff.
Zichoriensalat 186
Zierjohannisbeere 207
Zierpflanzen 21 ff., 204 ff.
Ziersträucherosen 207
Zitronenmelisse 67, 203
Zucchini 180
Zuckerhut 186
Zwetschgen 173
Zwiebelblumen 209 ff.
Zwiebelgemüse 189 ff.
Zwisteln 72

Bildquellenverzeichnis
picture-alliance/dpa, Frankfurt: S. 9, 60, 65
Alle anderen Abbildungen stammen aus dem Archiv des Autors.

Ein besonderer Dank geht an die Regensburger Schrebergärten, in denen viele der Fotografien aufgenommen werden konnten.